华章经典·管理

成长第二曲线

跨越S型曲线持续成长

21 Letters on
Life and Its Challenges

[英] 查尔斯·汉迪 著 苗青 包特 译
Charles Handy

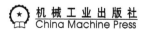

机械工业出版社
China Machine Press

图书在版编目（CIP）数据

成长第二曲线：跨越S型曲线持续成长 /（英）查尔斯·汉迪（Charles Handy）著；苗青，包特译. -- 北京：机械工业出版社，2021.7（2023.11 重印）
（华章经典·管理）
书名原文：21 Letters on Life and Its Challenges
ISBN 978-7-111-68514-2

I. ①成… II. ①查… ②苗… ③包… III. ①管理学 IV. ① C93

中国版本图书馆 CIP 数据核字（2021）第 119282 号

北京市版权局著作权合同登记 图字：01-2021-1768 号。

成长第二曲线：跨越S型曲线持续成长

出版发行：机械工业出版社（北京市西城区百万庄大街 22 号 邮政编码：100037）

责任编辑：石美华 刘新艳　　责任校对：殷 虹

印 刷：固安县铭成印刷有限公司　　版 次：2023 年 11 月第 1 版第 3 次印刷

开 本：170mm×240mm 1/16　　印 张：11

书 号：ISBN 978-7-111-68514-2　　定 价：59.00 元

客服电话：（010）88361066 68326294

献给我的孙辈：里奥、山姆、涅斐、斯嘉丽。

这些信最初就是写给他们的。

推荐序

管理大师的天鹅之歌：人生长跑指南

管理大师汉迪的这本《成长第二曲线》是对他自己百岁人生的总结，也是一本充满人生智慧的书，饱含对Z世代的谆谆教诲，同时也为科技高歌猛进的数字时代开出一剂剂解药，提醒后人千万不要在数字的世界中迷失了自我。本书堪称一本人生长跑指南，只有拉长了时间的跨度，才能真正理解工作、学习和生活的意义。

年轻人习惯把人生看成一场又一场的锦标赛，竞争日益激烈的社会也在不断推销零和游戏的观念。汉迪却认为，人生是马拉松，不是短跑比赛，重在参与和坚持，不应用竞赛的视角去看待人生，也不应用简单的输赢来衡量人生的结果，因为如果是这样的话，赢家太少而输家众多。

人生长跑，是一场自己与自己的较量、一场不断挑战自我的比赛，也是一段可以和很多伙伴一同前行共同体验的经历，更可能是在不同时期由不同人引领的比赛，就好像环法自行车赛一样。“养育一个孩子需要举全村之力”。被城市化和数字化裹挟的人类，需要从原子化的陌生社会回归到群体中去，重新拥抱社区和社群，才能找到人生的意义和目标。这也是为什么军队里同在一个班一个排的战友最紧密，而同一个村子的熟人社会最知根知底。

同样，用马拉松的长期视角来看待一个人的职业发展，赛道的规划和赛道的转换就变得特别重要，每个人都应慷慨地投资自己，也需要学会在人生变得无趣之前及时转换赛道。

汉迪将企业的发展轨迹描绘成躺倒的S型，个人的职业发展轨迹也类似：一开始是一段下坡，因为需要投资，需要努力，之后是长长的上坡，这恰恰是出成绩、有成长的阶段。问题是很少人能够在爬坡时望见顶峰，或者确切地知道顶峰在哪里。大多数人都只是“后见之明”，直到越过顶峰开始走下坡路的时候才发现，原来事业的顶峰已过。

汉迪建议那些希望活出精彩的人在抵达事业顶峰之前就着手筹划新的赛道。筹划的方式多种多样，可以多培养一些兴趣爱好，在社群中贡献自己的价值，也可以选择在人生赛道的中点停下来，放慢脚步休整一下，重新审视自己的工作和生活，找寻下一段人生方向。

在技术加速迭代让“996”日益流行的时候，恰恰需要厘清工作与生活的区隔，而不是用工作替代生活，需要多花些时间陪家人，有时间去娱乐，也有时间去思考。

汉迪在自己的职业生涯中就走出了三条首尾相连却精彩不同的赛道：一开始在壳牌公司中做到高管，然后成为伦敦商学院的创始人之一，半退休之后又以管理大师和作家闻名于世，每次赛道转换都恰到好处。

谈到学习，汉迪强调尊重每个人的多样性，同时比较早地去践行“知行合一”，避免因为过度分数竞争而产生精英暴力。

在竞争激烈的社会，我们常常忽略了人与人之间的差异，在数字经济时代仍然试图沿用工业时代的单一模子来衡量每个人。哲人们早就对人的多样化有深刻的洞见。亚里士多德说过人有三种不同的智慧，分别是学业上的、技能上的（匠人精神）和现实生活中待人接物的。每个人的才智其实都是这三种智慧的综合，总会有的多一些，有的少一些，并不是每个人都能够在学业上有所成就，也不是学业不好的人就无法成功，而是条条大路通罗马。当下的教育恰恰忽略了这种多样性，用学业分数以偏概全地评价一个人，加剧了过度竞争。

未来充满了不确定性，应试教育和分数主义却过度强调“刷”有正确答案的题，缺乏面对真实世界复杂未知问题的探索与试错。汉迪建议，未来的学习需要让孩子较早就参与到社区和商业中去，让学生组成小组解决现实世界中复杂的问题，并在这种训练过程中学习处理未来未知世界难题的方法。

当下的教育还忽略了许多工作中最基本的素质的培养，比如不迟到、团队协作、为自己的决策承担责任等，这些素质需要“言传身教”，也需要每个人在实际工作中去体会和感悟。人生长跑，仅仅是学业上的精进远远不够，身体力行的实践与待人处事的历练是人生长跑同样重要的软实力。

汉迪也花了不少笔墨去分享他对婚姻这一对每个人而言都至为重要的制度安排的理解。

汉迪自称自己有三段婚姻，但是却是和同一个女人缔结。之所以有三段婚姻，是因为他觉得在人生的不同阶段，签署了不同的婚姻契约。随着人生的发展，每个人的关注点和工作与生活的重心都会发生变化，在人生的长跑中，当工作和生活发生巨大变化的时候——比如孩子长大离开家，又比如孙辈出生——都需要重新修订婚姻的契约，才能真正做到地久天长。

能够与同一个女人一生长跑是汉迪的幸运。当我们看到一个又一个名人与结发多年的伴侣离婚，有些人丧失了对爱情的幻想，汉迪却告诉我们婚姻的真谛：一成不变而白头偕老的婚姻只存在于灰姑娘和白雪公主的童话之中，变是唯一不变的人生道理，婚姻也是如此，也需要应变。有些人能够因为变化而不断修订婚姻契约，才真正做到长相厮守；另一些人因为变化无法弥合相互的分歧而违约，和平分手其实是最好的选择，也是人生的自由。

虽然崇尚自由，但汉迪仍然给我们勾勒出了什么是理想的婚姻生活。汉迪的妻子总能够在关键时刻推动他去做“痛苦”但事后被证明是正确的改变，也能够“牺牲”自己来成就他的事业，但这种牺牲并不是那种只求付出不求索取的奉献，而是坚守两个人婚姻的契约，真正践行了“取和与”的伴侣真谛。

早年，汉迪的妻子牺牲自己的工作成就丈夫、培养孩子，但是她并没有放弃自己对摄影的爱好。等孩子都长大出门上学和工作，生活发生了新的变化，汉迪也从商学院“退休”，妻子成了他的演讲经纪人。再往后，俩人都上了年纪，汉迪也被奉为管理学的大师，俩人的生活安排又做出了新的调整。汉迪的妻子开了一个小小的个人摄影工作坊，春天到初秋时节以妻子的工作为重心，汉迪安心在家写书——写作在汉迪看来比演讲挣钱要重要得多，晚秋和冬天则是汉迪演讲的季节，妻子辅助他工作。

汉迪的妻子是鼓励他写本书的背后推手，但在写本书的过程中，陪伴汉迪超过半个世纪生命长跑的伴侣去世了。汉迪在书中强调为什么有终身相伴的爱侣是一个人的幸运，也是向自己的妻子致敬，因为在汉迪眼里，人生幸福并不复杂，就是有事做，有人爱，有期许。

吴晨，《经济学人·商论》总编辑、《转型思维》作者

2021 年 5 月

译者序

在“打工人时代”寻找跨越时空的白色石头

缘起

参与翻译本书，对我来说是一个奇妙的机缘。当机械工业出版社的石美华老师找到我，问我有没有兴趣翻译一本欧洲著名管理学家写的关于人生经验的书时，我的第一反应是：我？为什么？

从专业领域的角度来说，我的主业是经济学，虽然和管理学离得不远，但在学术研究领域高度细分的今天，二者的区别也完全可以用“隔行如隔山”来形容。关于人生经验的话题，刚刚度过人生第三个本命年的我，好像既不够年长，可以代入作者的角度，也不够年轻，可以代入这些信直接写给的对象（作者的孙辈）的角度。

但一看到本书英文版的出版社——企鹅兰登书屋（Penguin Random House），我一下子跳了起来，马上在微信上回复石老师：好的！

企鹅兰登书屋

作为学术工作者，企鹅兰登书屋对我来说可谓如雷贯耳。作为欧洲最有名的平装书出版商之一，它一向以高品质、平价和捍卫出版自由闻名于世。在西方，书籍长期以来一直以面向优渥阶层的奢侈品为主要的市场定位。企鹅兰登书屋的前身之一——企鹅书屋是世界上最早一批以“一包香烟的价格”把经典名著卖给大众，拆除知识高墙的出版商之一。除了对作者和图书内容的精挑细选，企鹅兰登书屋也以精美的封面设计，以及不畏世俗争议，敢于出版前卫话题的图书而出名。企鹅兰登书屋的这些风格和策略，保证了自己的每一本书都是格调与市场兼顾，既叫好又叫座的佳作。

从“读不下去”到爱不释手

抱着这样的心情，我开始了我的工作。说实话，在刚开始的时候，这份工作并没有让我一下子找到它有趣和激动人心的地方。在第 1 封信中，作者在讨论“代沟”的时候几次提到一些他年轻时的流行语和这些词在 2000 年前后的新意思，翻译这些在

20 世纪 20 年代已略显“生僻”的英语知识不但让我花了好多时间查询相关资料，也让我怀疑，这些用第二次工业革命时代的“古董”英语书写的（尽管也因此透出类似中文“民国腔”的优雅）与二十多年前的读者沟通的话，对于处于第四次工业革命时代的当今读者，到底能产生多少警醒和裨益。

但在翻译几封信后，我就发现自己的第一印象是多么不可靠。事实上，从第 2 封信开始，作者便以在今天看来都不过时的“未来学”视角就人工智能对于就业和劳动者地位与生活的影响，以及正在慢慢崛起的“零工社会”提出了自己的看法，并给新时代的劳动者提出了建议。

总的来说，无论是在西方还是东方，劳动者对一两家公司“从一而终”，拥有终身雇用的稳定性，以及清晰又无聊的职业发展路径的时代必将式微。在未来，每个劳动者可能都不可避免要随时面临就业的转换，以及同时在多个机构、以多种形式，特别是以非固定的零工形式工作的状态。

在旧时代，人们的烦恼和误区主要来自过度“组织化”或者说“机构化”，人们在大企业的科层里，如同《千与千寻》中的小女孩一样，慢慢失去自己的名字，被“老张”“张主任”“张总”这些职衔和社会角色覆盖了背后那个有着鲜活思想和感情的人。这是作者在本书的前几封信中描述的他工作与退休的时代人类生活的主题和自己的反思。

在新时代，人们可以通过社交媒体、视频网站尽情地展示自己，拥有属于自己的片刻盛名和“高光时刻”，人与人之间的距离从来没有像今天这么近。但与此同时，每个人也从来没有像今天这样担心自己在机构里的曲线不是一直向上的，而是很可能在明天就因为被更努力、更拼命的后来者超过而落后，甚至干脆因为被算法和人工智能取代而不复存在。

对此，作者花了很大篇幅与读者讨论如何设定和调整自己的心态，来避免在任何时代被物化和工具化。尽管他引用的是亚里士多德而不是康德，但我个人觉得，背后的思想依然可以被简单的"人是目的，不是手段"概括。正如作者所指出的，人是需要工作的，但人需要至少三种不同的工作满足自己不同的需要：为了满足生存需要和欲望而做的，为了展现自己的天赋才能或出于个人兴趣而做的，为了服务他人和更大范围的人类社会而做的。人们应该在人生的不同阶段依据不同的需要做不同种类的工作，或者它们的搭配组合。第一种工作诚然是最基本的，但如果任由自己陷入其中，就难免异化成仅仅是某某公司或组织的一部分，而不是一个完整的自己。

同时，作者也为自己的建议提供了丰富翔实的实现路径和个人经验。我个人最喜欢的，是他在第 13 封信"人生的变化曲线"中讲的关于"通往戴维酒吧的路"的故事。为了避免读者失去阅读乐趣，我在这里不剧透了。但我觉得它对因"是否要换工作/继续读书深造/创业"这样的选择问题而烦恼的读者，一定会产生有益的启示。

当然，我最喜欢的还是全书倒数第二封信"你是独一无二的"。它将全书的主题进一步升华，谈到了如何定义人的自我的问题。作者给出的答案似乎是，每个人的自我，就是他的"天命之职"（the call），即《圣经》中说的"白色石头"。它在某种程度上是作者说的三种工作的集合体，但在很大程度上又超越了这种简单的集合。这是一个很神奇也很让我触动的概念。我觉得我无法在这里用简单的语言将它的奇妙之处说出千分之一，所以还是需要读者自行认真阅读这封信。

结语

总的来说，对我而言，这是一本相当有趣的书。不仅因为我是它的译者，也因为译者的工作本身帮助我成了它认真而心怀感念的读者。它的内容和管理学无关，但是作者在壳牌这样的大企业工作的经历也确实让本书拥有了超越一般“鸡汤”类图书的对于工业社会中的人和组织如何随科技发展而不断发展的独特视角。同时，相比一般的讨论工作和组织的图书，作者独特广博的人生阅历也让这些硬知识看起来不至于僵化，读完它，会让人有一种在作者用平淡语气叙述的人生智慧中获得温暖和鼓励的感觉。

当然，它也让我更加肯定，属于我人生的白色石头，应该就是在企鹅兰登书屋出版一本书！

包特

目　　录

21 LETTERS ON LIFE AND
ITS CHALLENGES

引　言

人生回望

“告诉我，你打算做什么

用你疯狂而宝贵的一生？”

这是美国诗人玛丽·奥利弗的诗句。自从读过这些话，它们就一直萦绕在我心里，尽管对现在的我来说，已经没有多少时间可以为之做些什么了。然而，对于你们，我年轻的孙辈，或是那些无论身在何处，正在思考人生丰富选择的读者来说，现在还为时不晚。

德国哲学家叔本华曾说，人生必须向前行进，我们却在回顾中得到更好的理解。我现在 86 岁了，从统计数据上看，是应该已经离世了的年龄，因此我人生中未来的部分恐怕不会很长，但我有大量过去的东西可以回顾和理解。我现在明白生命如此宝贵不能虚度，但我曾花了很长时间才把未来的生活看作一个机会，而不是一个难题。我现在希望曾经的自己更狂野一点，多去拓展自己和冒险，拥有更多的想象力。但可惜那时的我没有读过玛丽·奥利弗的诗句和她那尖锐的问题。

我写这些信给你们，是希望我对生活及其挑战的思考能帮助你们比我更好地回答玛丽·奥利弗的问题。你们生活在一个与我所认知的完全不同的世界里，但我想你们遇到的问题也不会与我遇到的毫无相似之处。从别人的经验中学习是困难的，但我的思考至少会让你们在行动之前先停下来想想，或者，在行动之后反思。你们也许会说，这些信里包含了我希望自己在像你们这么大的时候，也就是说，在我踏入社会去创造自己的未来，并和命运之神签订属于我的契约之前，就已经知道的所有事情。

我从未见过我的祖父和外祖父。他们在我出生前就去世了。有时我在想，如果他们给我写 21 封信，他们会怎么说。据说，我那和我同名的外祖父查尔斯是一位工程师，是一个风趣幽默的人。他负责照看爱尔兰周边所有的灯塔。关于灯塔，我猜他可能会说，那是为了照亮你的道路，让你不至于撞到岩石而建造的，就像这些信（对于你们的人生）一样。如今，那些灯塔里空无一人，原来的看守者和他们的孩子不得不另找事做。如果我的外祖父今天还活着，他或许会微笑着说："瞧，这就是生活，唯一相同的只有不同。"但是，什么会保持不变，什么会有所不同呢？这就是我的信将要探讨的问题。

第 1 封信

事物将会不同

最近有人送我一条用来拭干餐具的茶巾。茶巾上面印着一张清单，列出所有像我这样出生于1940年以前的人年轻时没见过的事物，它是这么写的：

我们出生时还没有电视机，没有盘尼西林、脊髓灰质炎（小儿麻痹症）疫苗、冷冻食品、静电复印、隐形眼镜、视频和避孕药，没有雷达、信用卡、原子分裂、激光束和圆珠笔，也没有洗碗机、烘干机、电热毯、空调、速干衣……人类还没有登上月球。

我们先结婚，然后在一起生活（还能再古板一点吗）。我们曾以为fast food是在大斋节才能吃的大餐，而不是快餐；Big Mac是一件超大雨衣，而不是一种麦当劳汉堡；crumpet是喝茶时吃的东西，而不是现代流行语中“辣妹”的意思。我们生活在家庭主夫、网上约会出现之前。对于曾经的我们来说，sheltered accommodation是等公交车的地方，而不是现代英语中“监护养老社区”的意思。

那时，我们还没有日托中心、集体住宅和一次性尿布。我们从未听说过调频收音机、磁带机、人造心脏、文字处理器或戴耳环的小伙子。对我们来说，time sharing意味着人与人的团聚，而非现代人指的计算机的“分时计算”技术；chip是一块木头或炸薯条，而不是现代人说的电脑芯片；hardware是螺母和螺栓，而不是“硬件”，“软件”（software）还不是一个词。

在1940年之前，“一路走来”（going all the way）指坐公交车直到终点站，而不是由本·阿弗莱克和蕾切尔·薇姿主演的越战主题电影《青春迷航》；吸烟是一种很时髦的行为；grass是用除草机修剪草坪，而不是大麻的俚语说法；coke是被保存在地窖里的炭，而不是可口可乐的代称；joint是一块肉，而不是大麻烟卷的俚语说法；pot是你用于烹饪的东西，而不是大麻的另一种俚语说法；gay person指能在派对上活跃气氛的人，而不是同性恋的代称；aids指帮助陷入困境的人，而不是艾滋病的缩写。当你想到世界发生的种种变化时，代沟的存在就不足为奇了。

现在很难想象，我十岁之前一直和家人住在一个没有自来水和电的房子里。我们用油灯和蜡烛照明，用一台轰鸣的柴油发动机从花园里的一口井里抽水，没有中央暖气供暖，只有一台电池收音机，当然也没有电视机。我父亲有一辆工作用的汽车，而我们骑着自行车或小马到处走。我们以这种方式生活并不是因为穷。事实上，我父亲是爱尔兰一个乡村教区的教区牧师（相当于一个小教区的主教）。20世纪30年代，也就是第二次世界大战前，生活就是这样的。我记得有一天，一个电工把一台原始的风力发电机装在花园里一棵树的顶上，它给电池箱里一排巨大的电池组充电，让我们有足够的光在黑暗中看清路，但还不足以用来阅读。在我们黑暗的世界里，它就像一种魔法。五年后，我们接通了电网，一切随之变化。我仍然记得父亲拿出他和母亲十年前收到的结婚礼物——一台烤面包机时的表情。那是他第一次打开它，当然，他不出所料地把面包烤煳了。谁能想到焦煳面包的气味，在那天早晨能给那个男人带来欣喜的笑容。

科技一直是改变我们生活的力量，而且永远都是。问题在于在新科技到来之前，我们对它带来的变化无从知晓。互联网是一项伟大的发明，没有人想到它会催生 Facebook 和谷歌。新技术通常需要 30 年时间，才能将它对我们生活的影响完全展现出来。今天，在我写这封信的时候，电动无人驾驶汽车是令人振奋的新发展之一，它们不仅是新型汽车，它们的发展还会给我们带来其他一系列变化，例如，当没有（来自传统汽车的）汽油税和柴油税收入时，我们将如何筹集资金来支付道路建设费用？会有足够的电力来驱动所有电动汽车吗？当孩子只需要密码就能对送他们上学的无人驾驶汽车重新编程，使之开往别的地方时，我们将如何阻止他们这样做？或者，由于汽车将优先避免与人类相撞，是否会有顽童因为干坏事不会受到法律的惩罚而故意走到汽车前面，使整个道路交通都瘫痪掉？有一件事是肯定的：法规不完善早晚有一天会造成严重的后果。

人工智能（artificial intelligence，AI）将在那时全面发挥作用。它会摧毁工作机会，还是会推动工作升级并为其提供支持？可能两者都有。在人工智能的帮助下，医生将获得更多信息来帮助他们进行诊断，而医生不会被替代，只是会得到辅助。现在那些靠驾驶汽车谋生的人要么失去工作，要么发现自己转型为车队导航员，监督卡车或货车的车队。他们将成为操控那些车辆的人工智能的个人助理（individual assistant，IA）。我的猜测是，如果没有大量的个人助理，就不可能有人工智能。秘书已经被升级为个人助理，直到他们被虚拟助理取代，而虚拟助理仍然需要某种方式的监督。超市的自助结账可能是一种基本形式的机器助手，但总需要有一个人在附近帮助那些像我一样在结账过程中遇到困难的人。未来将会有更多的人只是站在一旁等待，助力我们在自动化世界中前行。人工智能肯定会改变我们的工作和生活方式，我们的生活越来越多地由一种或另一种算法组织起来，从可以帮我们订购食物的冰箱到可以帮我们监测健康指数和续订药物的手表。

我对那些算法感到担忧。我们不知道它们是谁写的，也不知道他们的动机是什么。一些低成本航空公司通过一种算法把那些不愿为选择座位花钱的家庭分散在机舱里，以此来惩罚他们。美国法院用算法来判决。一些律师称他们能辨别出算法中种族偏见的痕迹，但是那些创建算法的顾问和公司拒绝透露他们使用的公式，声称这是他们的知识产权。算法可能会在不知不觉中成为我们生活的控制者。

无论你喜欢与否，科技都会改变我们的生活，即使你想躲避也无济于事。然而，我在自己的生活中亲身经历了巨大的技术变化，从中得到的一个信息是，我们将会从容应对这些变化。今天看来不可思议的事情总有一天会变得司空见惯。即使是我外祖父时代的灯塔看守人，也会像我和我们所有人一样能够应对变化。

预言家预测，人类的技能将局限于三个 C——创意者（creatives）、护理者（carers）和看管者（custodians）。如果创意者成功的话，他们将拥有最多的快乐和金钱。护理者将是人数最多的，因为这不仅指那些传统意义上的护理者（照顾需要照料的人），还包括那些照顾我们需要的人，在商店、学校、监狱、医院和任何你能想到的组织。那些努力维持系统完整和正常运行的人，我称之为看管者。他们包括政府的执行部门，特别是行政机构，但仍需要每个组织的管理者来计划和决定谁来做或做什么以及什么时候做。即便是无人驾驶汽车，仍然需要有人指示它们驶向哪里。未来仍然会有很多工作机会，甚至比以前更多，但它们会大不相同。

然而，事实是我无法想象到那时世界会变成什么样子，没人能知道。我能告诉你的是，它在许多方面都会有所不同。变化总是存在的，它既令人振奋又充满挑战。古罗马人知道这一点，他们说："时代变了，我们也跟着变了。"或者再往前看，古希腊哲学家赫拉克利特说过，"你永远不可能两次踏入同一条河流，因为它已经前进了""一切都在流动"。如果你还想要更多的老式智慧，你会赞同兰佩杜萨的小说《豹》里唐克雷迪的观点，他告诉他的叔叔："为了保持不变，一切都将改变。"正如有人曾经说过的："维持现状不可能是前行的道路。"

唐克雷迪的话在今天意味着什么？首先肯定不会改变的是，我们生活意义的本源是工作，而且是有报酬的工作。即使某些慷慨的亿万富翁慈善家保证我们所有人都能得到基本的生活收入，我们仍然希望早上唤醒我们的是有意义的事情。无所事事将浪费我们宝贵的生命。即便我在另一封信中提出，"足够"（的生活资料和物质财富）就是你所需要的全部东西，你也不会长期满足于基本的最低收入。金钱是你的工作对别人有用的一个标志，当然，还有其他标志，比如来自别人的感激。但我会永远记得，我第一次因为自己所做的事情获得报酬的情景，以及那种感觉有多好。

然而工作方式将发生巨大变化。这就是唐克雷迪的观点，为了工作岗位的持续，工作的形式必须改变。在我所处的时代，大部分工作都是由医院、学校、煤矿、钢铁厂，以及各种各样的商业组织、企业、行政机构、军队提供的。社会是一个复杂的体系网络。对大多数人而言，人生是（面对和经历）一系列的组织机构，每一个组织机构都是为下一个组织机构做准备的。它们为人们提供的职业生涯，预计能持续人的一生，与之相伴的是通常由雇主提供的养老金。我加入了一家国际石油公司——壳牌石油公司，他们希望我在公司工作到 62 岁。我一入职，他们就给我画了一张我可能拥有的职业发展路径图——在不同国家的分支机构担任越来越高级的职务，看起来很令人激动。许多年后，我意识到，不仅方案里壳牌石油公司的一些分支机构不复存在了，有些国家也不复存在了，至少不是以当时的名字存在。世界变化真快啊！

除了英国行政部门以外，任何机构都不再提供终身职业。事实上，如今企业的平均寿命只有 16 年，那么它们怎么能设想给你一份终身工作呢？任何组织都不再雇用所有参与其工作的人，即使是行政部门。很久以前，在我的一本书中，我提出组织将越来越类似三叶草，即由三片叶子构成。第一片叶子是核心员工，第二片叶子是分包商，第三片叶子是独立专家或临时人员，第三片叶子的员工成本很高，不需要全职雇用。我建议企业将更多的工作转移到第二片和第三片叶子，因为他们更便宜，不会出现在组织的花名册或养老金计划中。

这样的转变越来越多，也许有人会觉得太多了。

这意味着再也不会有稳定的工作了。不再有人像壳牌那样关心你未来的职业生涯，规划你的下一次调动、你可能需要的培训，甚至你的医疗需求。你只能靠自己。即使你被录用了，你也必须申请其他有空缺的新岗位。此外，一旦你超过50岁，你就会发现工作越来越难找。这就是为什么我开始提出我所说的“组合式工作”将成为这个年龄段人群的最佳选择。我所说的组合式工作指的是一系列不同工作的集合，有些是有偿的，有些是无偿但有益的。组合式工作也正在逐渐成为像你们这样的年轻人的选择。有时候，这是因为他们不喜欢大公司那种被掌控的氛围，决定到外面碰碰运气。他们大多看重组合式工作的独立性，尽管这种独立性意味着财务上的风险。

其中一个结果是，在我写这封信的时候，英国有工作的人比以往任何时候都多，但与此同时，政客们对所得税收入的减少感到困惑。他们不应该对此感到惊讶，因为这些新型工作者中有太多人收入太少因而无须缴税。有一件事我敢肯定：对你们这一代人来说，如果一切顺利的话，在你们漫长的人生中，你们总有一天将面临对单一工作“从一而终”还是进行组合式工作的选择——只要你想继续工作。

唐克雷迪是对的。和以往一样，越来越多的人为赚钱而加入工作大军，但工作方式截然不同。毫无疑问，人类的工作方式在你们这一代中将会发生更大的变化，很多苦差事将由自动化完成，但我确信，我们人性中对创造价值的（心理）需求将会持续下去。工作仍将是我们所有人生活的中心。

21 LETTERS ON LIFE AND
ITS CHALLENGES

第 2 封信

人类的使命

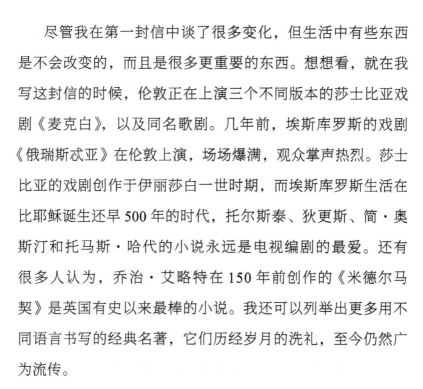

尽管我在第一封信中谈了很多变化，但生活中有些东西是不会改变的，而且是很多更重要的东西。想想看，就在我写这封信的时候，伦敦正在上演三个不同版本的莎士比亚戏剧《麦克白》，以及同名歌剧。几年前，埃斯库罗斯的戏剧《俄瑞斯忒亚》在伦敦上演，场场爆满，观众掌声热烈。莎士比亚的戏剧创作于伊丽莎白一世时期，而埃斯库罗斯生活在比耶稣诞生还早 500 年的时代，托尔斯泰、狄更斯、简·奥斯汀和托马斯·哈代的小说永远是电视编剧的最爱。还有很多人认为，乔治·艾略特在 150 年前创作的《米德尔马契》是英国有史以来最棒的小说。我还可以列举出更多用不同语言书写的经典名著，它们历经岁月的洗礼，至今仍然广为流传。

为何会这样呢？当然，首先是这些作品写得成功，在舞台上或银幕上的表演也精彩纷呈。但如果这些几百年前的作品时至今日仍能激发我们的兴趣，那它们一定还蕴含着更多东西。我相信，答案就是，这些作品描写的是亘古不变的真谛，是人与人之间的关系，是人们对生活的感受和思考。两个或更多的人在一起，就会有故事发生，尽管大部分是美好的，但并非所有都是美好的。自从上帝创造了亚当和夏娃，人类就在一起经历着爱恨情仇，经历着分歧与战斗，经历着庆祝与欢笑。人类的生存状态几千年来未曾改变，尽管在这期间经历了科技和政治上的剧变。

所有剧变都是人类的“杰作”。即使我们的初心是好的，有时结果也会事与愿违，因此除了我们自己，我们没有人可以怪罪或感谢。大多数战争是由某些人的野心和对权力的欲望所引发的。无论是亚历山大大帝还是希特勒，他们统治的国土都足够富庶，没有理由去侵略和占领那么多国家。同样，大企业也没有任何必要的经济原因让自己变得更大，将成长中的小企业排挤出局。这一切都是由于掌权者的野心，不管他们认为自己的出发点有多好。另外，为什么那些所谓的商界领袖仍然期望获得数百万美元的高薪，而这些钱他们永远也花不完？这些钱除了能让他们拥有一份“贵重”的业绩证明以作为他们成功的标志，又有什么其他意义呢？

从积极的角度来看，当蒂姆·伯纳斯–李创建万维网并把它免费提供给世界时，他并没有想用自己的发明去改变世界，而只是想改善他所在领域的研究人员之间的沟通，使工作运转得更顺畅，也不是为了赚更多的钱或者出名。当马克·扎克伯格和他的大学室友开发出 Facebook 的第一个版本时，他也料想不到自己能为世界带来如此巨大的影响或积累数百亿美元的个人财富。

他们以及许多像他们一样的企业家都是受一种创造力的驱使，想要做出与众不同或更好的东西。在大多数情况下，他们因此致富或出名并不是他们的主要动机。他们只是在做人类一直在做的事情：对事情进行“敲敲打打”式的修补和改善。爱因斯坦提出相对论的时候并没有想到原子弹，他只是试图解开一个谜。艺术家绘画、作曲或者像我一样写作，多半也是因为内心的驱使。如果他们出于更功利的动机，比如为了钱，通常也不会取得同样的成就。金钱和名誉往往是（做好一件事）最终的结果，而不是最初的驱动因素。人类做事情的不同动机是我终身思考的对象和灵感的源泉。我现在知道，这些驱动因素早就已经存在了，只是随环境的变化在体现形式上有所不同。15 世纪驱使佛罗伦萨美第奇银行家族的因素，与 21 世纪苏格兰皇家银行的雄心壮志并无二致——成为世界上最大的银行。同样的野心也使二者得到了同样的结果：因过度扩张而陷入衰败。世界在改变，人的本性不会改变。虽然技术在不断变革，但人生最重要的主题始终如一。

什么是正义？什么是公平？谁能得到什么？他爱我吗？我能信任谁？谁是我真正的朋友？我应该原谅或忘记别人的错误吗？我比他更好、更强、更成功吗？即使在一个家庭中，这些问题也潜伏在表面之下，一旦被忽视就会逐渐恶化。如果这些问题在那些有共同记忆和传统联结的家庭中都真实存在，那么在陌生人组成的组织中，这种问题出现的可能性不就更大了吗？我常以为我想做一个隐士，离群索居，远离人们带来的各种麻烦，但事实上，我会想念人与人之间的彼此慰藉和情感。孤独是一种无法用药物治愈的老年疾病。他人是生活中必不可少的一部分，无论你喜欢与否，你都得找到与他人和谐共处之道。

因此，你要记住的第一件事是，当你的生活中突然出现上述问题中的任何一个时，你和你遇到的这个问题都不是非同寻常的。不管这个问题是什么，它以前都发生过，并且多次发生在很多人身上。如果你潜心阅读，研究历史和文学作品，那么这些著作会帮助你消除疑虑，而且阅读伟大的小说和名人传记是了解人类境遇的最佳途径。当我写我的第一本书（关于组织的发展路径和习惯）时，为寻找我正在探索的想法和概念的案例，我把自己关在法国南部的一个农舍里，在汽车后备厢里塞满了美国的教科书和研究论文。因为那时候还没有互联网，我所有的信息来源只是纸质书和文集。我很快发现，大多数研究都是依靠研究生的实验来阐释观点，而在我看来，这些实验与现实生活几乎是脱节的。幸运的是，农舍里有一个大图书室，里面收藏了卷帙浩繁的俄罗斯小说。我发现，托尔斯泰对组织中问题的论述，比任何学生实验都要多。我的第一本书，后来成了一本全球畅销书，部分归功于文学故事让它变得生动鲜明。

我人生的大部分时间里都没有你们这一代人习以为常的新技术的支持。技术让生活变得更容易，或者至少具有让生活变得容易的能力，但了解人类恒常的生存状态和人生问题是我们为迎接生活的挑战所能做的最好的准备。好消息是，人类历来有着同样的冲动、欲望、沮丧、怪癖和魅力，你不必重新发明它们。正如我所发现的，你只需要阅读托尔斯泰的作品，或许再加上陀思妥耶夫斯基的作品，就能了解人类生活的大部分情形。我常常想，如果有更多政治家读过历史，他们就不会试图通过入侵伊拉克或阿富汗来推翻外国“独裁者”。如果我们不从历史中学习，就很容易步入险境。就我个人而言，我的原则是，要把别人往好处想，至少在事实证明你错了之前要这样想。这确实让我走了一些错误的道路，但也让我经历了美好的体验。因此，我喜欢“冷战”时期谈判的老规矩：信任对手，但也要核实对方是否值得信任。

你不妨也试试。

21 LETTERS ON LIFE AND
ITS CHALLENGES

第3封信

人生最大的问题

当你读到这封信的时候（假如你还没放弃读这些信的话），你或许将结束漫长的校园生活，开始踏入社会。这时你会像我一样问自己：现在会发生什么？我目前有能力和资质做什么？或者更根本的问题，人生的意义是什么？我为什么活在这个世界上？如果你和我或者我们大多数人一样，你将在你的人生中不断审视这些问题。但是现在你必须开启你的旅程，否则你永远无法知道自己将走向何方。

当然，良好的教育应该帮助你在离开大学这个与世隔绝的世界之前就回答这些问题，但遗憾的是，这些问题不包含在任何核心课程里，而职业导师所关心的主要是如何使你找到一个适合你且足够养活你自己的工作岗位。然而，这只是上面那些更大问题的部分答案。这时你可能会说：为什么我现在就要变成一个（思考世间深刻议题的）哲学家，我需要的只是一份工作和一些钱。你说的没错，但这只解决了你“怎么”生活的问题，在你解决你“为什么”而活的问题之前，这个问题会一直萦绕在你的脑海中。我离开大学的时候只关注两件事——再也不进教堂，再也不过穷日子。我很快发现，这些消极（且要求极低）的抱负并不足以成为我人生的理想。

我们为什么来到这个世界？我开始问自己。我们仅仅是一次（往往是计划外的）受孕的产物吗？一个精子和一个卵子的偶然结合？如果是这样，是否意味着我们对任何人都不必负任何责任？我们和菜地里的卷心菜或者花园里的百合花有区别吗？还是说我们作为人类，与其他物种终究有所不同？

我们有意识，在所有物种中，只有我们人类意识到自我的存在；我们能有意识地选择自己的未来；我们可以从概念上进行思考，并弄清事物和事件的原因。这是否赋予我们特殊的责任，让我们在生活中有所作为，还是仅仅是一种负担？

也许你信仰宗教，并认为世间万物都是上帝的神秘之手创造的。若是如此，我认为你确实有义务达成上帝的期望，如果你清楚上帝的期望是什么的话。各种不同宗教的著作都会列出戒律清单作为对信徒的指导，这对忠实信徒来说非常有帮助，因为这份戒律清单为他们确定了人生规则和目标，如果他们接受这些指导，就会消除所有怀疑和焦虑。然而，这是一个重大假设，因为你必须接受最初的起点，即上帝是万物之源。

有些人逃避信仰的第一步，但遵守宗教制定的规则，就像他们是真正的信徒一样。这在他们遇到真正困难的决定之前对他们很有效，但当遇到真正困难的决定时，他们不相信上帝是万物主宰的根本假设将削弱他们遵守规则的决心。我猜想这种不言自明的半信半疑是大多数人的状态。所有主要宗教就行为的基本规则达成了共识，那就是从所谓的“金律”开始：你希望别人怎样对待你，你就怎样对待别人。西方大多数人都遵守基督教的基本规则，但不会称自己为基督徒，因为他们并不接受基本的前提。因此，今天的英国看起来依然像一个基督教国家，尽管只有 **2%** 的英国人经常去教堂。

或者，你也可以选择相信进化论，告诉自己，你是一个长长的基因传续过程的一部分，你唯一的重要任务就是把你的基因传递到下一代，不要让它“香火衰败”。生存和生育就足以完成进化任务了。进化与进步或方向无关，只是为了适应我们所处的世界，以便有更好的机会让基因存续下来并代代相传。这样一来，你就无须拥有任何更深层次的目标。你的主要职责是尽力做到健康长寿并保证生育。在我看来，很多人都是这样想的，即使他们可能对进化论一无所知。

然而，这种想法很危险。如果每个人都认为我们的唯一职责是维持进化的进程，那么我们将处于一个没有任何方向感或明确原则的社会。这就是宗教之所以成为必要的原因，它们通过设定人生目标和提供生活指导，为社会提供了一种形式的可控性。这就是“生命的意义”这个问题如此重要的原因。

存在主义是比进化论更进一步的对人生的态度和理解。让－保罗·萨特等人的存在主义广受欢迎，是因为他们坚持认为，我们生而为人，都要为寻找自己的价值观和生命的意义负责。“存在先于本质”是这些存在主义哲学家的信条，意味着我们都是独一无二的个人，只有我们自己才能决定为什么以及如何生活。这是一个诱人但最终很艰难的选择。这个选择很诱人，因为它把你从社会中所有的规则和教条中解放出来，你可以自由地做你自己；然而，这又是艰难的，因为你必须弄清楚自己是谁，以及什么是人生中重要的价值。“人需要意义，”萨特说，“但他必须自己去创造。”乍一看，这是自私的解决方案，除非你同意德国哲学家伊曼努尔·康德的观点，即从逻辑上讲，不论做什么都应该做到使你遵循的准则成为普遍规律。他称之为绝对命令（categorical imperative）。

我对绝对命令的理解不那么死板，我称之为“适度自私”（proper selfishness）或存在主义修正版。我认为，照顾自己的需求是正确和恰当的，因为在你对他人有所帮助之前，你先要对自己的生活状态满意。但如果只是为了愉悦自己而工作，那么你对人和动物都毫无用处，最终你也不会为此感到骄傲。然而，如果你一开始没有花时间和精力照顾好自己，那么你对人和动物依然没有任何用处。换句话说，不能照顾好自己的人也不可能照顾好别人。我发现，真正的满足来自看到那些被你影响的人因为你的影响而获得满足。我们似乎生来就自带利他主义和慷慨大度的基因，正如丘吉尔所言，你靠你得到的谋生，靠你付出的来证明你值得获得你得到的东西。

如果存在主义听起来太难，你可以选择相信公元前6世纪的中国哲学家孔子所说的，他不信任何神灵，在基督诞生之前500年就开始著书立说并教书育人了，他说：

> 能行五者于天下为仁矣。恭、宽、信、敏、惠。恭则不侮，宽则得众，信则人任焉，敏则有功，惠则足以使人。

这些都是生活的好规则，但它们不能告诉你人生的意义。

或者你可以看看哲学家拉尔夫·沃尔多·爱默生对美好人生的定义：

> 经常开怀大笑；赢得智者的尊敬和孩子的喜爱；获得正直评论家的赞赏，忍受虚伪朋友的背叛；欣赏美；发现别人的优点；给世界留下点好东西，无论是通过养育一个健康的孩子，还是拾掇出一片花园，或是让社会环境得到些许改善；哪怕让一个人的人生境遇因为你的存在而变得稍许不那么艰难，这就是成功。

我非常赞同他的观点，但对我来说，这只是我们用我们唯一而宝贵的生命所能做的最起码的事情。我们能够，而且应该做更多事情。

最后，我求助于亚里士多德，他的思想经受了2500年的考验，他在描述美好人生的意义时更加雄心勃勃。他认为我们的首要任务是在日常生活中保持美德，然后去寻找他所说的幸福[1]，这是一个难以捉摸的概念，严格来说，幸福意味着

---

[1] eudaimonia，也有人把它翻译成个人层面的充实或自我实现，以及社会层面的人类幸福或世间大同。——译者注

安康或快乐，但亚里士多德并不是指一种消极的幸福或闲适的快乐。幸福和快乐是两码事，不应该把它们混为一谈。亚里士多德的幸福观更蓬勃向上，更像是自我实现。他认为，人生不仅是享受生活。我把他的哲学归纳为“尽你所能做你最擅长的事”。通常我们很难知道自己最擅长什么，以及是否尽力了。此外，亚里士多德还坚持认为，你必须是一个好人，他称之为具有“德性”的人。如同你是一个电脑高手，并不意味着你可以用你的技能入侵我的银行账户。亚里士多德对美德有一个非常精确的概念，我将在另一封信中讨论。他的观点是，我们是群居动物，不能独自生活，我们的行为不可避免地会影响他人。这和我所说的“适度自私”有相通之处。

我自己的人生经历了以上所有阶段。我在一个教区里长大，在那里我被教导并相信上帝为我的人生设定了一个目标，如果我相信上帝并遵守规则，我就会找到这个目标，但我在十几岁时就放弃了这个想法。然后，当我离开大学时，我发现我不知道自己该做什么。我学过古典文学和哲学，但这些知识并没有给我带来任何职业资格。我要做的是挣足够的钱养活自己和享受生活——这是自私的生存选择。此后我确实开心了几年，也赚了钱，但是对自私享乐的追求很快就让我感到乏味了，我发现自己只是一个被称为国际企业的大机器上的小齿轮，任何人都能做我的工作，而我想要一种更自由地表达自己的方式。

现在回到亚里士多德。我现在相信，我们每个人都有所谓的“金色种子”：一种特别的才能、技能或天赋。如果你知道自己的“金色种子”是什么，或者如果你身边的人能发现它，然后你给它施肥并为它创造生长空间，它最终会让你在你最擅长的事情上做到最好。如果你与此同时还坚持做一个善良诚实的人的话，你将拥有一个目标坚定和富有意义的人生。你将成为一个“亚里士多德主义者”。就我而言，我接受第一份在东南亚的工作时并不知道自己的金色种子是什么，当我在启程前向我的母亲（她不赞成我的职业选择）告别时，她说：“没关系，亲爱的，这些都是你写书的好素材。”“写书吗？妈妈，”我回答说，“我要成为一名石油公司高管，没有时间写书了。”“是的，亲爱的。”母亲回答我，正如所有母亲实际想说“并不是这样，亲爱的”的时候一样。15年后，我离开了壳牌石油公司，出版了我的第一本书。有时候，母亲是发现你的金色种子的最佳人选，尽管老师也很擅长，还有教父母（如果你还在与他们保持联系的话）。

虽然我不能判断我的书是否对他人有所帮助，但这至少是我写作的目的，同时我也努力遵循拉尔夫·沃尔多·爱默生和孔子的准则，它们是我所知道的通往美好人生的最佳指导。然而，我最高兴的时候，还是当我被称为“一个优秀的亚里士多德主义者”时。我希望你们也能在某一天有这种感受，可以吗？

21 LETTERS ON LIFE AND
ITS CHALLENGES

第 4 封信

上帝或别的什么

你信仰上帝，或是一位别的神明，或者其他什么对象吗？这是只有你自己才能回答的个人问题。不要随便听信别人告诉你的超越人类理解的事物。它们只关乎信仰，信仰是不受理性约束的。事实上，信仰始于理性的尽头。但是，我还是想分享一下我个人从一个有宗教信仰的人，转变为与怀疑论舒适共处的生活经历，并希望它会对你们有所帮助。

朱利安·巴恩斯曾说过：“我不信仰上帝，但我怀念他。”

我明白他的意思。我在神职家庭的氛围中长大，我们的生活中上帝无处不在。在某种程度上，想到有这个人在看着我是件好事，尽管他大概常常对我的表现失望。后来，当我的理智告诉我这只是我个人的一种一厢情愿的幻想时，我感到自己被孤独地留在这个世界上被迫依靠自己的思维工具判断事物的对错。

我很喜欢许多宗教符号——仪式、音乐、建筑和艺术，因此我决定不带信仰，单纯从艺术的角度欣赏这些符号，并开始称自己为文化基督徒。我发现，其中有些地方似乎真的很神圣：善良的人们世世代代在小教堂里祈祷，那里似乎留下了一些他们美德的痕迹。我偶尔会在周日晚上去教堂或礼拜堂参加晚祷，那里有很棒的唱诗班，我发现这对冥想很有帮助。

我是个自欺欺人者吗？我不这么认为，因为我认为宗教和神圣感是有区别的。二者并不总是一体。我出席过许多明显缺乏神圣感的宗教场合，我对神圣的最生动体验往往也与正式的宗教活动无关。如今，很多人说希望成为“有心灵的”而不是有宗教的人。我猜他们说的和我的情形大致相同。当下流行的正念修炼[㊀]也是一种寻找某种形式的内心平静的方式。

我曾试图调和我身上的不可知论情感与基督教信仰的冲突，我试图说服自己，根据“道成肉身”，即上帝曾化身为人的神学理论，实际上“神性”就居住在我们的内心，等待着被发现并产生作用。这与贵格会教徒（Quakers）的信仰颇有异曲同工之妙。英国广播公司（BBC）曾邀请我参加一个名为《寻找上帝》的系列旅行广播节目，并分享我的旅行和人生经历。在节目开始阶段，我把它描述为一个徒劳无果的寻找，因为我并没有找到上帝。然而，当我在意大利托斯卡纳南部一个可爱的修道院小教堂里结束我的旅行时，我在那里感受到了一种神圣的宁静：没有其他人，只有我——还有一些我能感受到却无法描述的东西。我说，如果神性真的存在的话，那一刻就是我真切感受到它的存在的时刻，因为那是我最真实地感受到“更好的自我”的一刻。因为那个节目，我获得了兰贝斯宫（Lambeth Palace）颁发的年度最佳宗教节目奖——“尽管片中的神学理论看起来有些可疑”，颁奖辞说。

㊀ 这是一种西方近年来流行的在静坐或冥想过程中体会大脑和身体如何发生变化的身心放松和调节方式，这一潮流深受东方文化特别是佛教文化的影响。——译者注

我猜你们不会对我早年与基督教的纠葛感到烦闷无聊。对此我也不会感到奇怪，因为在生活中，你们会不止一次地猜测除了我们沉闷无聊的尘世生活之外，是否还有某种意义上的神圣或心灵上的存在，使我们展现出最好的一面。对我来说，祈祷的意义是：反躬自问，我是否已实现生命的最大可能。温德尔·贝里是一位来自肯塔基州的杰出农民诗人，他在一首诗的结尾很好地阐述了这一点：

我们祈祷，
不是为新地或新天，
乃是为平静的内心和清澈的眼睛，
我们需要的是（更好的）此世。

当然，宗教的另一个作用是通过道德指导和规范来维护社会秩序。摩西并不是第一个宣称上帝支持他的十诫的人。世俗社会必须面对的问题是，如果没有能被普遍接受的如上帝这样的道德权威，世界会发生什么，当然，我们有法律。但法律只规定了你能做什么和不能做什么，却没有告诉你应该做什么。人应该如何行事是伦理的范畴。在一个良好的社会里，人们应该对人际关系中什么是正确和恰当的有共同理解。西方世界中有充分的基督教思想提供关于对与错的一些共识，但像你们这样的新生代正开始设定自己的新指导方针，并通过社交媒体传播一种不同群体主张各不相同的价值观和优先事项的新倾向。这种倾向有可能导致相对主义和一个分化的社会。

基督教为我们的文化遗产做出了巨大贡献，无论我们是否信仰宗教，如果忽视它，都会犯大错。一位住在佛罗伦萨的朋友告诉我，有一次，他听到两个年轻的美国女性从摆满文艺复兴时期艺术品的乌菲齐美术馆走出来时的交谈。“你有没有注意到，”其中一个人说，“在那些母亲和婴儿的画[⊖]中，婴儿都是男孩！”我希望我无须指出她们对基督教历史理解的不足。如果不了解基督教历史的话，她们恐怕对那天在佛罗伦萨看到的一切都完全没看懂。

如果出现了一个由多元价值观组成的流动社会，那么每个人形成自己的一套道德标准，而不是采用他们所追随的帮派或团伙的价值观，就变得至关重要。写到这里，我要再一次提到亚里士多德。亚里士多德认为有两种首要的美德，即理智美德与伦理美德。他认为理智美德是通过传承和教育获得的，而伦理美德则是通过模仿德高望重的人（通常是父母）的行为和习惯获得的。亚里士多德认为，最高美德是理性的沉思。当然，这是他的专长，我们也可以原谅他的一点偏见。但我认为他的意思是，我们的首要责任是弄清楚一个好人和一个美好生活应有的样子。在亚里士多德看来，我们都应该成为哲学家，对此我表示认同。我还认为，对哲学问题的研

⊖ 这里应该是指基督教的圣母圣子图。——译者注

究不能太早开始，应该被视为每个人基础教育的一部分。年幼的孩子具有天生的好奇心和质疑精神，这是进行哲学探索的重要起点。

亚里士多德继续列举了12种附属美德。

（1）勇敢（courage）——勇敢并愿意为你认为正确的事挺身而出。

（2）节制（temperance）——能够自我控制和克制。

（3）胸怀宽广（liberality）——仁慈、慈善和慷慨。

（4）富贵（magnificence）——光彩照人、有情趣。

（5）自豪（pride）——对成就感到满足。

（6）荣誉（honour）——令人尊重、崇敬、钦佩。

（7）好脾气（good temper）——镇定、头脑冷静。

（8）友好（friendliness）——有亲和力、善社交。

（9）真诚（truthfulness）——直率、坦诚和率真。

（10）风趣（wit）——有幽默感。

（11）友善（friendship）——友爱和情谊。

（12）正义（justice）——公正和公平。

亚里士多德也相信中庸之道，避免过度和不及，并将其运用到他的美德清单中。过于勇敢会变成傲慢，勇敢不足就是胆怯；自豪过度就会变成自夸，太少的自豪会变成自卑，依此类推。

我们可以在亚里士多德的美德清单中添加《圣经》中的

名言——你希望别人怎样对待你，你就应该怎样对待别人，或孔子所说的“己所不欲，勿施于人”。加上康德的绝对命令，即你所遵循的正确准则必须是可以获得普遍认可的正确准则。再加上一点功利主义，为大多数人争取最大利益必须是正确的事情。把这一切混合在一起，你就有了道德行为的一种可能配方。

并不是说每个人在行动之前都会经历这些过程，然而，你可能会不时地用亚里士多德的美德清单来给自己打分。现在，清单中的许多内容被结合在情商的新概念中，提升为一套重要的社交技能，但我认为它们依然是一种美德，是一个文明人应有的行为。亚里士多德和约翰·多恩一样，坚信没有谁“完全是孤岛”，我们都是文明社会的成员，所以应该是文明的。更重要的是，要记住亚里士多德的信念，即我们通过模仿长辈和更优秀的人，来习得大多数美德。当你自己也成为父母时，你要记住这些事情。

然而更关键的是，我们应该记住亚里士多德的观点，即最高的美德是将理性沉思转化为实践。生活应该是做出规划并付诸行动，因此，他强调用美德来获得幸福或自我实现，或者用我的说法是，把你最擅长的事情做到最好。只有你知道自己最擅长的是什么，尽管我在另一封信中说，别人常常比你更了解自己。我认为，父母、老师和老板的一个责任就是确定你的特长，或者我所说的“金色种子”，然后帮助你使

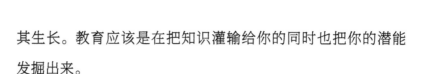

其生长。教育应该是在把知识灌输给你的同时也把你的潜能发掘出来。

我写这封信从上帝开始，以你为结尾，我想两者是相同的。“神”是“你身上的神性”的简称，或者，如果你想从神学上理解，根据“道成肉身”理论，神将化身为人。宗教曾经是一种帮助你发现自己的神性并加以实践的方式。后来宗教变成了等级制度和官僚机构，迷失了方向。因此，我们必须自己行动。在这贯穿一生的任务中，我祝愿你们一切顺利。

21 LETTERS ON LIFE AND
ITS CHALLENGES

第 5 封信

每个人都会犯错

我在一个充满确定性的世界中长大，父母无所不知，好孩子们都很听话。父母知道所有事情的答案，我的意思是，即使他们以“因为事情就是这样”回答我的问题，我也会认为要么是我年少无法理解，要么是他们当时太忙无暇解释。我花了很长时间才意识到，这就是长辈们常常用来说“我不知道”的方式。

我刚上学时的情形也是如此，老师知道所有习题的答案。当然，他们之所以知道是因为他们有秘密武器的帮助，他们的教科书背面有习题的答案，而我们的没有。作为学生，我们要做的就是努力学习并记住老师知道的或假装知道的东西，然后在考试时复述给他们。这对于年少的我来说意味着世界上所有问题都已得到解答，而且某个地方的某个人已经了然于胸。当然，你现在会向谷歌求助来寻找答案。那时我们家有两个书架，摆放着整卷《大英百科全书》，那是一个迷人的信息库，包含了你想要知道的关于世界的一切。

或者说，老师和百科全书知道我以为的关于世界的一切。可惜，我的老师和百科全书都没有告诉我如何骑自行车，或者我离开学校后该怎么办。我很快发现，有些问题无法在教科书上找到答案。事实上，大多数时候你必须自己解决问题。我应该接受这份工作，和这个女孩结婚，搬到另一个国家居住吗？这可是些大问题，但它们并没有显而易见的答案，也没有教科书或专家告诉我该怎么做，当然，这也并不影响这时候总有爱管闲事的人试着给我瞎出主意。在后来的工作中，我遇到了更多问题，诸如：我能信任这个人吗？这个价格合适吗？这种观点在道德上正当吗？随着我年龄的增长，问题的主题变得越来越大：何为美好生活？人生的意义是什么？目的总能证明手段是正确的吗？哲学家一直在对这些更大的问题争论不休，莫衷一是。这是因为答案最终取决于我们自己，取决于我们的优先顺序、我们的境况，以及我们承担风险和决定自己未来的意愿。

我接受的早期教育并没有使我具备处理这些“开放式”问题的能力，即使我处理这类问题，也是把它们当作一个由我的老师或者其他权威人士给出正确答案的封闭式问题。在我看来，当时的世界充满了这样或那样的规则和戒律，如果违反了其中任何一条，都要承担可怕的后果。坦率地说，其中一些规则看起来很愚蠢，比如，我们学校的高年级男生被允许顺时针绕着中心草坪走，剩下的人必须逆时针走，只有老师才能穿过草坪。这样做没有任何理由，只会让我们这些低年级男生感到自卑，而当我们升入高年级后，我们围着那一小片可怜的草地尽情游走，以炫耀自己的新身份。后来我在一个组织工作，在该组织中，中心草坪被一系列不同“档次”和阶层的餐厅或“饭局”所取代，但在我看来，这就是不平等赤裸裸的证据。

这些制度和与其类似的制度现在都消失了，它们的存在是为了强调权威，即高层管理者有权告诉普罗大众什么是正确或必要的，并对违背规则的行为予以纠正。我想，我宁愿不要这样的生活。更糟糕的是，宗教比学校的情形更令人沮丧。宗教权威人士真的认为他们能回答我的重大问题，他们还想（通过餐前祈祷）让信徒在午餐前相信他们讲的好几件不可能的事——而对我来说是早餐。我父亲是一位副主教兼一个爱尔兰乡村教区的教区长。每天清晨当我们全家围坐在餐桌旁后，父亲会诵读一段经文，然后带领我们做几次祈祷。我们每个星期天都会去当地的教堂，我们会在某个时刻转身面向圣坛背诵教义。教义以“我信”开头，我问妈妈，如果我不相信我背诵的一些内容会怎样。我想这个问题对她来说太陌生，以至于她不知该如何应对。但她和我说，只要我有信仰，我早晚会相信的。

当时，信仰在我看来是一种逃避。如果你有任何疑问，只要相信其他人是正确的并跟随他们就对了。与此同时，只要你信任牧师，他们会为你解答所有重大问题。我知道，《圣经》这本大书里有十条诫命以及许多箴言警句。我发现宗教是另一种学校，它拥有自己的教师和学长来确保你做事循规蹈矩。美好生活的标准就是按照别人告诉你的去做。我在十几岁的时候变得思想浮躁，开始重新解读一些圣经故事。我猜玛利亚和约瑟当时也只是十几岁的孩子，玛利亚不小心怀孕了，约瑟说与他无关，一定是个奇迹。他们来不及给自己的孩子注册了，不得不让他在谷仓里出生。这个婴儿（指耶稣）后来成为一个激进的教师，因为威胁到当时的宗教权威而被镇压，成为一个殉道者。后人利用他的生平和殉难演化出一种信仰团体，后来历经世代发展成为全球性的宗教。

我暗自得意，但我从未向父亲以及任何其他人提起我的带有修正色彩的宗教理论。直到很久以后我才发现，我的想法并不那么新颖，别人以前也曾提出过。没关系，虽然不是“原创”思想，但那至少是当年的我自己想到的。这是我的第一次思想叛逆，即便只是在心里。当我对自己说，也许牧师和神学家都错了，这个想法让当时的我有些紧张。我怎么能质疑两千年来学者和神职人员的集体智慧呢？况且，所有精美绝伦的建筑、令人惊叹的赞美诗和艺术作品似乎都见证了这些故事的真实性，证明的确有一位值得颂扬、顶礼膜拜的神。抑或“上帝”这个词本身，连同建筑和艺术作品，只是强调神职人员权威的一种方式？宗教是否像教育一样，也是一种社会控制形式？

这些想法对于一个男孩来说是令人担忧的，我把它们藏在心里，但它们给了我一种思想的自由。我不必因为其他人比我更权威而接受他们告诉我的每件事。我曾读到过奥利弗·克伦威尔对苏格兰教会中那些固执的长老说的话：“我以基督的名义恳求你们，想一想你们犯错的可能性。”这是我经常想说但又不敢说的话。我意识到，仅凭创造性思维是不够的，你还需要勇气去做些什么，就像文艺复兴时期的那两位绅士——哥白尼和伽利略。他们生活在两个不同的时代，相距一个世纪，但他们都富有智慧和胆识，相信自己对圣经权威和教会等级的看法并发表了激进的观点，伽利略更是挺身而出，并为此付出了代价。在 16 世纪和 17 世纪，他们都对当时实际统治欧洲的教会权威提出了挑战。

他们两个人都坚持认为地球绕着太阳转，也就是所谓的日心说，而《圣经》的“传道书”中则清楚地写道：日头出来，日头落下，急归所出之地。哥白尼和伽利略勇敢而自信，他们相信自己的观察结果，而非流传了几个世纪的既定理论。他们相信当权者是错误的，而且最重要的是，他们付诸了行动。

1543 年，哥白尼在临终前终于第一次见到他的伟大著作《天体运行论》的初校稿，然后死去。100 年后的伽利略就没这么幸运了，他被迫正式宣布放弃他的学说，并被软禁在家中直到去世。传说他在房间的墙上刻了四个富有挑衅意味的词：E pur si muove（但它仍在移动）。毋庸置疑，这两个人是我心目中的英雄，他们鼓励我独立思考，即使与大多数人的想法相悖。然而，他们也提醒我，独立思考确实会像伽利略那样给自己带来后果，并可能要为自己的信念受苦。那么，你应该保持独立思考吗？这取决于你思考的主题和范围。在行动中保持适当的谨慎不是胆怯的表现，而只是常识。

在我的写作生涯中，我刻意挑战传统观念，因为我始终在思考和探索20年后的世界会是什么样子。不可避免地，我先是被忽略，然后被轻视和嘲笑。多年以后，当事实证明我的一些担心和想法是正确的时候，他们说：“好吧，这是显而易见的。”这让我不禁想起了伽利略和哥白尼。不要想当然，要质疑一切，敢于怀疑比你地位高的人深信不疑的事情，但有时要把你的怀疑藏在心里，直到时机成熟。关于这一点，我将在下一封信中做更多阐述。

21 LETTERS ON LIFE AND
ITS CHALLENGES

第 6 封信

好奇不会害死猫

我的第一份工作是在一家石油公司的东南亚分公司，我被告知用头六个月时间了解公司所在的这个国家和公司的运作情况。我开始质疑一些当地公司采用的石油运输模式，并认为我有责任对此提出改善建议。但运营经理可不是我的哲学教授，他并不欢迎我的独立思考。我们的对话是这样进行的：

“你到这个国家多久了，汉迪？”

“4 个月了，先生。”

“这家公司在这里干了多久了？”

“呃，我想是 40 年吧。”

“确切地说，是 48 年。所以你真的以为你凭 4 个月的经验就能想出一个比我们以这么多年经验建立起来的系统更好的系统吗？”

“不，先生，当然不是。”

这个对话终结了我那点儿创造性想法。

几年后，当我看到一位新经理创建了一些类似于我曾建议的东西时，我为此私下感到非常满足，虽然这个变化发生得对我来说已经太晚了。

这是常有的事。你认为自己提出了一个很棒的想法，但一定会有人说：“如果这个想法果真这么好，而且这么显而易见，几年前就有人干了。”挑战正统观念绝非易事，也不受欢迎。异端分子过去被烧死在火刑柱上，如今，他们只是被忽视，或者在更糟的情况下被解雇。即使老板声称鼓励创造性思维，组织内部也不会涌现出企业家。当创新型初创企业的创始人将自己的企业出售给大公司，并根据合同条款继续在公司任职两年或更长时间时，他们在公司内部也会感到束手无策。

官僚主义对提高效率可能是有必要的，但它扼杀了想象力和创造力。如果你认为自己的独立性比安全感更重要，就不要去官僚组织，这是我对你的希望。

创造力始于好奇心。我们每个人都有着天生的好奇心，你只需要观察一个小孩子，看他怎样尝试着理解他的世界就能知道这一点。但是父母的过度保护很容易打消孩子这种与生俱来的好奇心。大多数企业家是家中第二个或第三个孩子，这并不是偶然的。因为相比抚养第一个孩子的时候，父母在抚养他们的时候已经学会了如何以放松的心态处理事情。一个积极进取的人就像优秀的科学家一样，会不断提问题：这里发生了什么？真的是这样吗？这是对的吗？还有另一种可能性吗？有什么证据？我们能相信这些数据吗？

企业家通常兼具好奇心和勇气，有好奇心是因为他们与生俱来的好奇善问；有勇气是因为他们将想法付诸实践，并把失败视为学习中的一步。如果某件事不成功，这只是排除了一种不再需要重复的可能性而已。成功的企业家总是告诉自己：如果你没有失败，说明你的进展还不够深入。我听说詹姆斯·戴森在制造了5127个吸尘器原型机后才成功，每次失败都让他离目标更近。

我的好奇心是在大学学习哲学期间被激发的。这门课列出了很多我们要学习的哲学家，我原以为我们的任务是学习和吸收他们著作中的思想，像对待某种世俗圣经一样（毫无保留地接受）。但我欣喜地发现，我的导师对我背诵这些哲学家的理论并不感兴趣，他只是想帮助我建立自己的理论，并在此过程中用这些哲学家的理论激发我的灵感，而非逐字逐句照搬权威。这是我建立起自由思考的过程中关键的一步。我得到了独立思考的正式许可，可以质疑一切，只有在我认为正确的情况下才接受那些普遍接受的观点。事实上，良好的教育应该让我更早得到这种许可。但遗憾的是，有些人似乎从未获得这种鼓励和许可，因而只能一直背诵别人奉若神明的规则，并在不知不觉中成为他人世界里的囚徒。我现在认为，哲学对每个人都太重要了，因此，它绝不只是专业哲学家的事情，我们都应该从小学阶段开始就学会像哲学家一样思考。

科学也同样始于好奇心，但是与宗教或我的老师不同，科学从不声称知道确切答案。科学通过假设那些之前的人，那些描述了当前物质世界如何运作的人，既不是对的也不是错的，只是不够正确而获得发展。优秀的科学家总是在质疑现有知识，推动知识边界的拓展，检验假设以寻求更全面的理解。在日常生活中，我认为假定每个人的观点都值得倾听是一种好的求知态度，即使他们所说的大部分在你看来是胡言乱语或不可接受。即使他们的观点中错的部分多于对的部分，你也可能从他们的错误中发现一些之前不知道的正确观点。苏格兰哲学家大卫·休谟认为，真理来自朋友间的争论。以我的经验来看，朋友间的友好争论是一场好的晚宴最吸引人的地方，因此，我喜欢把聚会的人数控制在 4 个人，最多 6 个人，这样每个人都有机会表达自己的真实想法。

我学到的另一件事是质疑传统或公认的事情。记得在我执教期间，我是任命新教授的委员会成员。其中一位候选人以其激动人心的讲课风格和外部咨询工作而闻名，显然他是其所在领域的专家。那么，委员会为什么对提升他为教授有一些疑虑呢？有人指出说："理查德的问题是他缺乏充分的怀疑精神。"优秀的学者必须总是愿意质疑公认的智慧，甚至质疑自己。质疑自己的信念和行为往往是最好的学习方式。

我在 70 多岁的时候写了自己的回忆录。我发现最有趣的部分是我的错误以及我从错误中学到的东西。我现在希望，我在人生中做了更多尝试，在年轻时犯了更多错误，那样我这还算有趣的人生可能会更丰富多彩和富有建树。回顾过去，我接受的早期教育使我无法适应现实生活。在当时强调纪律的教室里，好奇心不但被压制，而且被视为扰乱秩序；向朋友求助被视为作弊，而错误理所当然是失败的标志。在大学哲学课学习的帮助下，我最终摆脱了这种状态。哲学使我开始提出疑问，并接受世界的不确定性。尽管如此，我不假思索地接受他人权威的倾向还是持续了多年。

我妻子跟随她的军人父母辗转于世界各国，上过十几所不同的学校，并在一所气氛友好但教学质量严重不合格的只有两名老教师的学校里结束了她的学生生涯。她16岁离开学校时，没有获得任何资格证书，对课程表中的所有科目都知之甚少，但她拥有无限的好奇心，这使她一生受益匪浅。她随时愿意挑战任何事和任何人，质疑某件事是否理当如此，或者是否可以用不同方式来做。她像一位优秀的科学家一样思考，而且事实最终也往往证明她是对的。在许多方面，她都是一个理想的终身学习者。对她来说，每一次经历都是一个学习机会，也不囿于固定答案。人到暮年，她突然决定永远不把一种饭做第二次。“这是为什么呢？”我问她。“因为我想不断尝试新东西。”她说。对她来说，生活就是一个永无止境的学习机会。

作为我的演讲经纪人，我的妻子过去常对会议组织者感到愤怒，因为他们总是坚持把问答环节放在我的演讲之后。她觉得这个环节很无聊，会破坏我营造出来的热烈氛围。通常情况下，坐在提问者后面的观众看不清提问者是谁，而坐在提问者前面的观众也不能用后脑勺看到提问者。此外，提问往往只是这些提问者自己进行小型演讲的机会。“为什么我们不把问答环节变成一个连续的对话呢？”她说。她就此提出了所谓“空椅子”的想法。她让组织者在舞台上放三把椅子，我坐在中间的椅子上，想和我对话的人坐在我左边的椅子上，右边的椅子空着，等待下一个谈话者的到来。当下一个谈话者来的时候，我会结束与第一个人的谈话，然后他回到自己的座位把左边的椅子留给下一个谈话者。就这样，我们在观众面前进行了一系列简短对话，大家都喜欢这种像电视台的名人对话节目一样的形式。这只是她的好奇心引领她挑战惯例并重塑传统的一个例子。

只要你怀有好奇心，旅行就是一项能够帮助你改变思维方式的活动。我的一个朋友不同意这个观点，她坚称旅行使人思想狭窄。我明白她的意思，特别是当我看到有些美其名曰环游世界的游客从不曾离开自己的舒适文化圈，住在熟悉的连锁酒店，吃他们在家里吃的食物，只说自己的母语，通过镜头看他们参观的城镇，不与任何当地居民接触的时候。他们带着所有偏见回到自己家里，感到如释重负，如此一来他们的思想确实只会变得狭隘，而不是更开阔。但我以为，只要你带着好奇心，渴望探索不同条件下的生活方式，你的旅行就不会是那样。我的妻子和我属于“社会学家式”（以了解各地风土人情为主要目的）的旅行者。除非有重大历史意义，否则废墟不能激发我们的热情。让我们感兴趣的是活生生的人，他们如何生活，他们看重什么，他们的社会如何运作。这就是为什么我们在旅行时总是乘坐公共汽车或火车，而不是出租车，因为这样做可以让我们更好地观察人。

有时历史与社会学交相融合。有一年，我们去参观波斯波利斯遗址，那是公元前500年波斯帝国的首都。波斯帝国的缔造者居鲁士大帝统治了当时世界上最大的帝国长达30年。波斯帝国由27个不同国家组成，在信息只能通过人力和马匹传递的时代，他是如何做到的？对此我们肃然起敬。波斯帝国创建了联邦宪法的一个早期和原始范例，即有些事比如地方长官或总督的选用权由中央控制，而其他权力则下放给地方。居鲁士大帝也是人权的坚定执行者，并将他的相关主张刻在圆柱上。时至今日，居鲁士圆柱上的文字依然清晰可见。他把被掳的犹太人遣返回耶路撒冷，因此，在那里他是唯一一个被尊崇为弥赛亚（救世主）的非犹太人。当我站在波斯帝国的古都遗址前，我想到的是居鲁士大帝的治理原则很可能可以拿来作为当今国际企业参照的典范。这就是好奇之旅所能做到的。观察其他人的生活和工作方式，可以激发你跳出思维窠臼，探索更多可能。我希望在你的漫长人生之旅中，你也能成为一个充满好奇心的旅行背包客。

21 LETTERS ON LIFE AND
ITS CHALLENGES

第 7 封信

你有多聪明

到现在为止，你可能已经经历了很多考试。你也许一直考得不错，所以感觉自己很聪明。也许你的考试成绩一直不如你自己或父母所期望的那样好。如果你的情况是后者，不要绝望，聪明的表现形式其实是多种多样的，而且其中有一些在生活中比其他的更有用。

我们必须认清这样的事实，即并非每个年轻人（包括你们在内）都擅长学校里的学习。为什么我们要期望每个人的聪明才智都仅仅表现在学习上，而无视他们以其他形式表现自己的才能呢？亚里士多德是第一个提出“聪明”的定义不止一种的人，他把智能分为三种类型——科学知识（episteme）、技艺（techne）与实践智慧（phronesis），很少有人能同时拥有这三者。哈佛大学教授霍华德·加德纳进一步描述了八种不同智能，包括言语–语言智能、音乐–节奏智能、逻辑–数理智能等。因此，一个优秀的音乐家对数学一窍不通，一个杰出的板球运动员学习成绩不佳就不足为奇了。霍华德·加德纳认为他们只是以各自不同的方式发挥自己的聪明才智罢了。学校不应该只关注认知智能，因为现实生活中需要更多的实践能力。如果我们把实践能力称为智能，则可能有助于在教育系统中给予它们更多的认可和接受。

学校成绩好不代表一个人就会成为生活中的优胜者。我曾在一所顶尖商学院担任研究生项目主任，按照规定，每个申请商学院的人都必须参加一项考察申请者数学能力和阅读理解的入学考试。我发现申请者的入学考试分数与其年末考试成绩之间的相关性很小，与他们在以后工作中能否成功更是毫无关系。入学考试能告诉我的只是一个入学分数低的人在接下来的学业中会感受到的困难有多大。有几次，我否决了选拔委员会基于入学考试分数的推荐，因为我很欣赏一些申请者在面试中展现的（成绩以外的）主动性和个性。在后来的几年里，我高兴地看到，尽管这些学生在学业上很吃力，但他们在事业上成绩斐然。他们的决心最终帮助他们取得了胜利。

无论你聪明的方式是哪一种（知识型还是实践型），每个人最终都要用它处理生活中的实际问题。教育的一大悖论是，生活中最重要的东西都无法被教授，你只能通过不断的探索来习得它们。你应如何学习与陌生人相处？你怎么知道该相信谁？你怎样知道如何规划你的生活？没有老师能教这些非常实用的知识，倒不如让拉迪亚德·吉卜林做指导。他的见解是我处理在课堂外的现实世界中遇到的棘手问题的好帮手。拉迪亚德·吉卜林就是著名的《原来如此的故事》和那首了不起的诗歌《如果》的作者。他还为他认识的一个小女孩写过一首小诗：

我有六大忠仆

（我所知道的一切都是它们教给我的），

它们的名字是："是什么""为什么""何时"

以及"如何""在哪儿"和"是谁"。

拉迪亚德·吉卜林是对的，这些"仆人"是你面对的生活中重大问题的关键方面。它们的答案在你遇到的每个问题中都不一样，因为每个问题在某些方面都与以前的情形不尽相同。这就是为什么教育既困难又具有一定的"欺骗性"，一所学校或大学会声称能够帮你为你未来的生活做准备，但它并不能在不了解具体情况时为你遇到的每个具体问题提供任何答案。

让我们想象一下，你遇到了一个人，并认为他可能是你想要拥有的生活伴侣。于是吉卜林的所有问题都恰逢其会，他真的是那个对的人吗？你需要一个生活伴侣的根本原因是什么？这段关系会牵扯哪些事？现在是缔结姻缘的正确时间吗？你该如何提议和他在一起？你们打算住在哪里？这些都是开放式问题，没有正确答案，一切只取决于你。令人悲伤的是，大多数情侣在他们结婚后才开始问自己这些问题。我和妻子（在决定在一起的时候）也未讨论我们以后的生活将怎样，是否想要孩子以及在哪个国家居住。我们想的只是我们相爱了，所以想一直在一起。

或者假设你正在考虑买房，并且看到了一处喜欢的房子，你也许应该停下来想一想：为什么你想买房而不是租房住？现在是买房的合适时机吗？你在过得正开心时想要为存款而

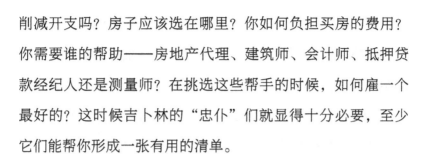

削减开支吗？房子应该选在哪里？你如何负担买房的费用？你需要谁的帮助——房地产代理、建筑师、会计师、抵押贷款经纪人还是测量师？在挑选这些帮手的时候，如何雇一个最好的？这时候吉卜林的“忠仆”们就显得十分必要，至少它们能帮你形成一张有用的清单。

但绝大多数人的问题在于，他们在列出清单以后不一定会真的用它。你可能想凭直觉选择你第一眼看到的房子，而忽略其他问题。你的直觉甚至可能是对的，但吉卜林和我建议你在做决定之前要三思，以便让那些“忠仆”有发言权。在做婚姻决策时，我的妻子凭直觉判断，而我会在心里按照吉卜林的问题做分析。这种差异有时会使我们激烈争论，到最后她可能会不情愿地承认失败，但还是坚持说：“我还是觉得我是对的。”我建议通常情况下，把决定推迟到第二天，然后用所有可能遇到的问题来测试你的直觉是否能经受住考验。

事实上，无论是学校还是其他任何人都无法教你是否应该选择那个人做你的终身伴侣，是否应该购买那所房子。他们也无法教会你应该从事什么工作，或者如何投票，即使他们试图说服你他们有这个能力。

我在之前的信中说过，学校和谷歌更乐于处理封闭式问题，即那些有已知答案的问题：太阳离我们有多远？水的成分是什么？疟疾的病因是什么？学校能帮助你解答“通过何种交通方式可以到达婆罗洲”，但无法回答“你为什么要去那里”这样的开放式问题。学校应该做的是帮助你使用吉卜林的“忠仆”，这样你就能更好地处理你在生活中每天都会遇到的实际问题，比如每天的第一个问题：我今天为什么要起床？

学校最擅长处理已知世界，但教育可以且应该做得更多。恩斯特·舒马赫在《小的是美好的》一书中写得好：

> 我们平凡的头脑总是试图说服我们，我们只不过是橡果，最大的幸福就是变成更大、更闪亮的橡果。但这只是让（吃橡果的）猪更开心罢了。我们的信念让我们有更好、更值得追求的理想：我们应该成长为橡树。

橡树通过伸展到未知空间而生长，我们亦需如此。学校或大学可以帮助我们扎根，但成长取决于我们自己。真正的教育是为我们提供成长所需要的实践方法。包括谷歌在内的新技术令人兴奋之处是，它们使学校能够超越已知领域探索我们的可能性，并把帮助我们解决已知问题的任务留给谷歌。

我不相信“仓储式学习”，即教师为你提供生活所需的一切知识，这样你就可以把它们储存起来并在需要时将其取出。这种做法行不通。现实世界的逻辑是，知识不用就会荒废。教学并非总能带来学习，我认为学习是在安静思考和教师指导下理解经验。人要先有经验，然后才能基于经验学习。想想小孩子通过试错进行学习的方式，我们应该也是一样的。

学校的做法则与之相反，因此在大多情况下都徒劳无功。

在我的想象中，未来的学校将是一个基于项目的解决问题的训练场。学生分组研究日益复杂的问题，在必要时使用技术提供所需信息。其目的是提供练习使用吉卜林六个“忠仆”的机会，以及与他人协作共事的经验，因为吉卜林提出的“如何”常常包含与他人的合作。完成项目后，学生反思他们做错的以及还可以做得更好的地方。这才是学习的正确方法。

假以时日，我希望看到学校与周围的社会更加紧密地联系在一起。学校的一些项目可以与包括企业在内的当地组织合作完成。在英国，现在有越来越多的大学科技公司招收14 ~ 18岁乐于实际动手操作的学生，它们与当地的赞助机构一起为学生提供课堂教学和实践相结合的学习机会。过去有人说，养育一个孩子需要整个村庄的努力，也许现代意义上的“村庄”是指周围潜在的学徒组织网络。过去，年轻人在工作中学会工作，并且由于他们在14岁甚至更小的时候就开始全职工作，往往错过了更正规的学习。事实上，这种学徒制度也常常催生青少年团伙，少年们虽然学到了实际的工作技能，但可能变得非常反社会。

教育改革者热衷于提高年轻人在教室里学到的认知能力，却忽视了他们在学校外、在工作场所学到的知识，这使雇主经常抱怨他们的新员工并不具备基本的员工素质，包括诸如按时出勤、为自己的行为负责、运用主动性和常识、尊重他人。爱尔兰正在试行给 16 岁的学生一年“过渡年”的时间，在这一年里，学生可以离开学校参加各种项目、实际工作和旅行，只需要完成最基本的课堂作业。如果你的学校不提供校外工作的机会，我强烈建议你在每个学期间的空隙和假期自己寻找机会。有些学校提供的一周的所谓“工作经验”只是关于实际工作内容和性质的蹩脚的预告片。曾经有人问乔治·奥威尔，他的全部智慧是从哪里学来的，他的回答是：“在伊顿公学的每个学期之间。”的确是这样，我们在生活中所需的很多必要知识是学校无法教给我们的。

在我想象中的未来学校诞生之前，我们还要依靠家庭来帮助孩子培养吉卜林的“忠仆”。家是人生真正的学校，或理应如此。但是通常有太多家庭缺乏足够的对自身责任的理解或耐心来教育孩子如何学习，他们更愿意把这一责任推给学校，但我认为这种期望对于学校来说也是不现实的。有时，具有讽刺意味的是，如果父母什么都不管的话，孩子可能更快学会自己学习。年轻人很快就能学会吉卜林指出的一些技能，但如果缺乏重要的人生导师的帮助，他们很可能对“是什么”和“为什么”之类的问题误入歧途。我曾经说过，人生中最重要的三个角色既不需要任职资格，也不需要正规训练，它们分别是政治家、管理者和父母。在我看来，父母是其中最重要的角色。我们可以摆脱不良政客和管理者，但摆脱不了糟糕的父母。

仔细想想，这不是很奇怪吗？你无须得到任何许可就可以启动将另一个生命带到这个世界的过程，而在这个新生命成长到至少 18 岁之前，国家需要承担养育他的所有负担，其成本可能高达 10 万英镑。所以，假如你确定要启动这个过程，无论你在启动之时是有意的还是无意的，你都要竭尽全力养育你的孩子，包括向他介绍吉卜林的六个“忠仆”。无论多么用心的社会组织都无法取代父母双方同时对孩子日常生活的参与和榜样作用——而不是只有其中一方（母亲）。还要记住，对孩子来说，观察是比倾听更重要的学习方式。作为父母，行胜于言。从孩子出生的第一天开始，父母就是他们的榜样。当你初次为人父母的时候，请认真思考这一问题。

第 8 封信

人生是一场马拉松，而不是赛马

直到现在我还清楚地记得学校每学期末的班级成绩表。我因为刻苦用功，成绩常常非常好，不是第一名也是前三名。但这样的坏处是，当我排到第四名或有一次更靠后一些的时候，情况变得很糟。虽然我的名字下面还有十几个甚至更多名字，但这些都不重要了，因为这个名次意味着我失败了。这当然不是真的失败，只是在我自己眼中，以及在为我担心的父母眼中的失败。我还好吗？他们问我：到底是哪里出了问题？他们应该和我的老师谈谈吗？

这没什么大不了的，我只是几个测验没有考好，我口头上这么说。但我还是很担心，担心我落后了，担心我的老师会失望，担心我辜负了老师也辜负了自己。因此接下来我更努力地学习。

回首这些年，我不明白自己为何如此满足于在老师选择的而不是我自己选择的赛道上，与那些特定的对手比赛，并以这些比赛的成绩作为衡量自己进步的标准。在和更聪明的孩子的竞赛中，我的表现会变差吗？事实上，我很快就要和所有的同龄人一起在一次全国性考试中进行较量了，我那时的表现会怎么样呢？如果我在那场更重要的比赛中失败了会做何感想？那时我问自己：难道生活就是一系列的竞赛吗？如果答案是肯定的，那么是选择一场更艰难、我的表现可能看起来不太好但能学到更多东西的比赛，还是选择一场简单一点、我更有胜算的比赛？最终，所有这些竞争性的努力到底有何意义？如果我赢了，它的意义是鼓励我去学习更多东西，还是让我作为赢家，从此生活变得更轻松？如果我失败了，我应该努力在未来做得更好，还是干脆放弃，接受自己是一个失败者？

这就是竞争带来的问题，学校以及生活的各个方面都充满了竞争。在赛马中，只有前几名顶尖选手的成绩才算数，其余选手的成绩都无足轻重。这种排序赛制对组织者而言是高效的选拔工具，但对参赛的大多数马匹和骑师并不会产生什么好的影响，因为他们最终只能被认为是失败者。那么，为什么在经过不断失败之后，他们仍然坚持参加下一场比赛？或许他们认为只有不断挑战比自己更强的对手才能进步。他们中的一些人可能会明智地选择参加低级别的比赛，从而自己可以表现更佳。你是哪种马或骑手？你会把自己和谁进行比较，是比你优秀的人还是落后于你的人？你参加了正确的比赛吗？

在资本主义制度下，一个国家的整体经济是基于赛马机制的，即对顾客和资源的争夺。失败者会陷入困境，领先的少数人分享战利品，直到他们被淘汰出局。从整体上考虑，似乎只要评价系统的标准是正确的，判决是公平的（很可惜的是，这两件事在现实中常常并不能达到），社会就会（从这种竞争中）受益。例如，可以设想一下，在公平竞争时，那些以合理的价格提供最好的产品和服务的企业将在市场上取胜，然而，如果大公司联合降价，迫使小公司赔钱倒闭，市场就不再公平。最近，在线零售商亚马逊宣布了其成为全球最大商店的雄心，为此，它无情地降低价格，因为它可以凭借其销量把任何一种商品的价格压到更低，迫使其他公司退出市场。与一个（在短期内）只追求营业额而可以牺牲利润的公司竞争是很困难的。这就是为什么每个市场都需要非常严格的规则来确保竞争是公平的。

这种竞争游戏也可能被明目张胆地滥用。

我的一个朋友多年前创办了世界上最早的计算机咨询公司之一，主要业务是为企业设计计算机系统。这是一个新兴的增长型行业，在发布招聘软件工程师的信息后，他收到了几百份申请。为从中挑选出佼佼者，他设计了一系列的能力测试，但这些测试需要花钱，而且费用很高，所以他需要对这些申请进行初步筛选，列出一份可能最优秀的候选人名单。尽管他知道没有证据表明学术能力与编码技能或系统设计有任何关系，但他还是将这些申请人的高考成绩[㊀]作为甄选依据。

“你为什么要用高考成绩呢？”我问道。

“因为我得想办法把名单缩短。我也可以使用他们的身高或生日，但高考成绩是一种更能被社会普遍接受的筛选方式，尽管它并不相关。”

㊀ 原文为 A-level scores，英国大学招收新生的标准。——译者注

你可以说他是在用平地赛马的方法搜寻障碍赛马的选手。这种情况在生活中太常见了，先到先得的规则在分发门票时可能有效，但不能保证招到最好的人。

正因为我对人们在现实生活中对这种我所谓的“赛马竞争”滥用背后的意义的怀疑，所以我更推崇另一种比赛——马拉松。对于冠亚军而言，马拉松就像是一场赛马比赛，但对其他参赛的人来说，马拉松更是一个节日和一场与自己的比赛。他们并不想打败任何人，只想比他们的上一场比赛结果有所提高，或者检验自己的耐力。他们希望通过与自己的竞争让自己变得更好，并非要赢得什么。这是漫长的拼搏，而不是短距离的冲刺。

在我看来，这更像是生活。我们制定自己的标准，并不断努力提高。更多的训练以及朋友和家人的支持都是有所帮助的。跑马拉松让人乐在其中，因为有许多人与你一起想方设法提高自己的纪录。你可以设定自己的步伐频率，只为享受乐趣而不是速度，也可以选择与同事一起跑或独自跑。如果今年成绩不佳，明年还会有机会。人生很长，就像一场马拉松，除了你自己，没有别人在考验你。只要跑完全程，每个人都是赢家。

这样看待生活会鼓励你退出各种各样的赛马，这就是我在四十多岁时所做的事。我曾在三家不同的组织工作过，最后都进入了高管团队，并且在其中最小的一家成了最高管理者。但我发现，即使身居高位，仍有人在我之上，他们通常是理事会、董事会，甚至是为你工作的人，这些人希望你能让他们保持有效忙碌、快乐和发展。换句话说，总有人用他们的期望来为你设定目标。我决定结束我在组织内工作的日子，开始自己的马拉松，只有我自己才能设定自己的目标。我成为一个独立作家和演讲者，这并不容易。第一周，我在我小小的独立工作室里放置了收文夹和发文夹。五天后，我惊奇地发现，收文夹里空空如也。然后我恍然大悟，在那之前，我主要是对别人的需求做出反应，是工作来找我。从现在起，我必须主动提出自己的业务需求。

这种转变是困难的，它需要一个新方法。如果我不去找事情做，就什么事都不会发生；没有人会为我写书，甚至没有人要求我写书，这是我给自己定的任务，结果我成了一个严厉的监工。我给自己设定了每天的时间表，把自己锁在乡下，没有假期，没有周末，直到我至少完成了第一稿。因为我自己是监工，自己定进度，所以我不觉得有压力，我在跑自己的马拉松。时光荏苒，我写了很多书，就像跑了很多马拉松。这从来都不是一件轻松的事，但是一旦完成一个项目，我就迫不及待地开始下一个。真正的马拉松运动员承认这一过程带有一定的强迫性，但因为这是他们自己的选择，所以跑步对他们来说是一种乐趣。

当你年轻的时候，竞争性的比赛是很有趣的，是一种与他人较量的方式，特别是当你决定参加各种不同的比赛时。然而，如果你在竞争中输得太频繁，可能会感到沮丧；但如果获胜很容易，比赛就会变得没有吸引力。我遇到过一些成功的商人，他们和我说他们感觉被自己的成功困住了，但又因为舍不得放弃很多东西而不愿从竞争中脱身。我现在意识到，我应该早点停下来，开始与自己而不是与我的同龄人竞争，但在当时，没有人和我一样跑人生的马拉松。好在现在这样的人开始多起来了。

21 LETTERS ON LIFE AND
ITS CHALLENGES

第 9 封信

你是谁比你做什么更重要

许多年前，我和妻子在意大利生活了不到一年时间。我们在那儿待了几个月后，一位朋友问我们是否遇见过那群“尤斯塔比”。“没有，”我们说，“他们是谁？”这位朋友解释说她指的不是姓尤斯塔比的人，而是那些如果你问他们是干什么的，他们会从“我过去是做……”开始，然后告诉你他们到意大利过退休生活之前都做过什么的人。真悲哀，这些人仍以他们过去在生活中扮演的角色来定义自己。

当然，这首先是我们的错，我们不应该把他们放入曾经的工作或角色的框里。但当我们试图对初次见面的人有所了解时，我们还是很难抵制这种心理倾向，就像两只狗在第一次见面时互相嗅来嗅去一样，我们彼此问来问去寻找线索。这样做是错误的，因为我们随后可能会因为这些回答，将那个人置于我们对他提到的职业的刻板印象中。我们可能会认为会计师很无聊，数学家聪明过头，政客很狡猾或者商人很贪婪。在我们还没说上几句话之前，就把我们的所有偏见都抛给了我们的新朋友，这是非常不公平的。但遗憾的是，我们都是这样做的。

最近，当一位朋友问我是否见过村里新来的人的时候，我从他身上学到了一课。“你会喜欢他的，”他说，“他刚刚退休，正在试图寻找新兴趣，结识新朋友。”

“他过去是做什么的？”我问。

我的朋友不解地看着我。“我不知道，”他说，“这有什么关系吗？”

“没关系，当然没关系。”我有点不好意思地回答，因为我发现自己正在试图以他们曾经的工作来给他们下定义，而这恰好是我曾指责别人做的事情。当你自称是建筑师，你就是将建筑师的身份作为自己的标签。如果建筑是你的爱好，你也许会乐于接受，但并不是每个人都心甘情愿地被贴上标签。对于一个不喜欢自己的身份标签的人，这个身份标签可能就像一个终身如影随形的牢狱判决。

我们生活的意义远远大于一份为了谋生的工作。我妻子做过一个有趣的摄影研究，她让人们用五件物品和一朵花来描绘他们的生活。这是一个非常发人深省的练习，你们也应该试试。大多数人会挑选一些象征他们所爱的人、伴侣或家人的物品，还有一些物品能让他们想起自己的童年、父母，以及他们的爱好，比如音乐、航海或阅读。她发现很少有人挑选象征自己工作的东西。当我与一位在石油行业担任重要管理职位的年轻女士谈到这个发现时，她回答说：“哦，那是我的工作，不是我。当然，我希望有一天我的工作也能体现出一部分我的理念和想法。”我同意她的观点。这位看上去颇有抱负的年轻女性给我留下了深刻印象。果然，几年后她放弃了石油公司的工作，成为一名登山者、向导和探险队队长。我记得当年她选择的物品中有两件是从大自然和户外运动得到的灵感。

还有一次，我的妻子和一个年轻企业家做这个练习。他选择的第一件物品是塞满了美钞的钱包（我们当时在美国），他把钱包拿出来，“砰”的一声扔在桌子中央，“那个钱包就是我，”他说，“我首先是个商人。”然后他停顿了一下，看着他放在桌子上的钱包，说：“不，这不对，钱并不重要，我的梦想是能够看到如果我把我的产品做好了，它将改变世界各地人的生活。”我愿意认为，就在那一刻他改变了这个年轻组织的优先事项和文化，他给了他的员工一个所有人都可以信奉的准则，毕竟，有谁会觉得老板变得更有钱是一个非常令人兴奋的想法呢？顺便说一句，我常常想知道，为什么企业的领导者认为提高股东价值可能会激励普通员工？为使陌生人致富而努力工作要么是堂吉诃德式的慈善，要么就是愚蠢，无论哪种情况，都不太可能成为公司赖以发展的良好基础。

然而，当你越来越专注地埋头于工作时，工作往往会主宰你的生活，这也许是因为工作挤占了你全部醒着的时间，或者因为你发现工作比你生活中的其他任何事情能给你更多充实感，我曾经就是那样。我当时的工作是在新成立的商学院为处于职业发展中期的高管创建一个新的教育项目。第一期的 18 名成员对我来说至关重要，项目的成功和我的未来都取决于这些学员的成功。因此他们需要我全身心投入其中，至少我是这么认为的。于是，我在孩子们醒来之前就离开了家，而我回家时他们已经上床睡觉了。周末的时候我已筋疲力尽，但仍要为下一周的工作做准备。因此我把自己关在房间里，以便有个安静的空间。当我的妻子抱怨时，我告诉她，我这么做实际上是为了她和家人，孩子们需要我获得成功，这样他们才能拥有他们所需要的东西。我的妻子并没有被说服，我记得她说，她只有成为我的一个学生才能看到我最好的一面或者在日常时间看到我。她说，她嫁的是我，而不是伦敦商学院。

所幸的是，我及时恢复了理智。然而，我见过太多失败的婚姻，究其原因是其中一方或双方在工作中迷失了自己，把他们所做的事情放在他们的自我之前。当然，在这个全天候工作和频繁出差的世界里，对于有些人来说，他们可能很难找到足够的时间离开工作区域，自由地成为完整的自我。我们可能以为我们在工作中和在家里是同一个人，但现实常常让我们备感惊讶。我们的一位事业有成的朋友带他女儿到办公室参加“带女儿上班日”活动，后来我问那个小女孩有什么感觉，“真奇怪，”她说，“坐在那张大桌子后面的不是我爸爸，而是一个我从没见过的人。”

在生活的各个领域，我们不可避免地会表现出不同的侧面。因此，最重要的是，我们要确保为自己的每一面都留出足够的空间。如果我们对自己坦诚的话，会发现我们在工作中被需要的程度没有我们想象的那么高。平心而论，工作环境有时比家庭环境更有趣、更令人兴奋，我们自认为我们在工作中表现得更好。当你建立了家庭，我劝你记住这一点。在这个阶段影响我最深的一本书是保罗·埃文斯和费尔南多·巴托罗姆合著的《成功一定要付出这么高的代价吗》，该书记录了对企业高管进行的一系列访谈，这些访谈是关于他们如何看待自己的生活的。这本书的书名说明了一切：每个人都深感遗憾的是，在孩子的成长阶段，在他们最需要自己的时候，自己与家人在一起的时间太少了。

周末在消失。由于技术的发展，工作以外的休息时间正在被占用。现在不只是医院、监狱和航空公司每周 7 天、每天 24 小时运转，我们所有人在理论上都可以这样工作，事实上，许多人正在这样做。

但周末的存在是有原因的，至少是周日，或周五、周六中的一天——具体是哪一天可能因为不同的国家和宗教而异。即使是上帝，据说也会在第七日安息，回顾他一周的工作。上帝是对的。俗话说，只工作不玩耍，聪明的孩子会变傻。我们需要的不仅仅是玩耍，正如我所说的，大多数学习是在安静思考下理解经验。我们需要时间和空间来反思在过去一周或一个月里哪些事情做得对，哪些事情本可以做得更好。没有反思，我们将永远不会改变或提高，或成为我们所能成为的一切。

我们需要有规律的作息时间来休息和思考，问题是我们现在必须自己安排，你不能指望组织或其他任何人为你做这件事，借助新技术这应该很容易。过去，大多数人每周工作

5天，一年工作47周，这意味着一年有235个工作日，还有130天可以用来休息、玩耍和反思。我们可以每周花一天时间休息和玩耍，留下70天左右的时间用来反思和学习，我们也可以调整一下组合，花更多时间陪伴家人。休息日也不一定非得是星期天。我们常常发觉周日是最安静的一天，受到的干扰比较少，可以安心工作，那么就让周五成为我们和朋友聚会的日子。重要的是，这不仅是我们的选择，也是我们的需要。没有社会惯例来指导我们，我们必须自我约束。

我习惯在早餐前步行40分钟，穿过我家对面的树林，这有助于我保持身体健康，但更重要的是，这让我的大脑放慢了运行的速度，我认为这是一种“漫无目的”的活动。我一天中的大部分时间都花在去某个地方或做某件事上，而在这里，我只是行走或者如朋友所言的漫步，与大自然和谐相处。如你感受到的，大自然最美妙之处在于它能不带评判地、包容地给人以安慰，它是一个绝佳伙伴。我一边走一边发散思路，规划未来，回顾往昔。然后，我尝试超越日常琐事，展望未来几周我生活中的优先事项。我发现，我们的生活很容易被别人的日程打扰和占据。我需要确保我的生活不会被自己喜爱忙碌和对别人有求必应的本能掌控。

你可能会说，这是一种类似“行禅”的出世修炼，但我不认为这种行走的目的是从世间抽离，而是通过重建我的优先顺序来收回我对生活的控制权。为此，我必须逃离我的日常工作区域，进入另一个不同节奏的空间，在这里，键盘的敲击声被鸟鸣和树叶在风中的沙沙作响所取代。我的朋友戴维·珀尔创建了一家名为“街头智慧”（Street Wisdom）的新型社会企业。他或其他人邀请任何登录该网站的人加入一个小组，这个小组将在某个小镇或城市于特定时间和地点举办聚会，大家在附近的街道上行走几个小时，静静地观察周围发生的事，并在有兴趣的情况下与他们遇到的人交谈，反思他们经历的丰富多彩的生活，然后回到小组中讨论这次体验对他们的影响。这一切都是免费的，现在已经发展到世界各地。人们似乎很喜欢这种简单的模式，因为它提供了一种“漫无目的”的行走方式。

第 10 封信

保持小规模

1973 年，英国和瑞士经济学家恩斯特·舒马赫出版了《小的是美好的》一书，书名源于一位编辑的建议，尽管该书的主题其实是它的副标题："基于人的重要性假设的经济学。"三年后，我曾经很想借用它作为我关于企业组织的新书的副标题，叫作"基于人的重要性假设的管理学"，因为这正是我想传达的理念的核心。我开始意识到，如果组织机构真的认识到人的重要性，那么就应该让他们在一个小到所有人都可以互相认识的环境里工作。毕竟你怎么能相信或依赖一个素不相识的人呢？人类在人性化的组织规模下才能呈现出最佳状态。因此，小规模是人们做好自己工作的更好条件，甚至必需条件。

我在很大程度上受自己亲身经历的影响。在我开始工作的头 7 年中，我先后在壳牌石油公司的新加坡和马来西亚分公司工作。当时，以壳牌的标准来讲，这些分公司都只能算小公司。"公司"（company）无疑是个恰当的词，因为它让我们感觉大家像是一群"伙伴"（companion）。公司是一个工作家庭，我们都被照顾得很好，且彼此了解，有时甚至大家亲近得像是真正的家人。后来，我被调回位于伦敦的壳牌集团总部。我与格里共用一间能俯瞰泰晤士河美景的办公室，格里是我在伦敦总部唯一还算熟识的人，其他人都只是公司同事而已。当你认为你与某个人只是正式关系时，这就意味着你只能看到他正式角色的一面。你不了解通常也不会关心他到底是个什么样的人，所有的个人信息都隐藏在他们的正式头衔和职责之后。就像警察这样的公职人员经常会穿制服，以表明他们是以官方身份而不是以个人身份出现的。

我们在壳牌石油公司是不穿制服的，但公司有一条不成文的着装规则——灰西装加领带，得体却没有特点。我们把自我隐藏在工作头衔后面。我们的办公室门外有一个大铜牌，上面写着我们这个小部门的名字——“MKR/35”，铜牌下面的两个插槽用于将印有我们名字的卡片插在里面。这个信息对我来说很清楚，重要的是部门，而部门里的工作人员的名字是可以替换的。当我们给其他部门写备忘录或信件时，必须注明来自 MKR/35 而不是格里或查尔斯。格里似乎并不介意，然而我很介意。在这里，我不是我，而是一个“临时的角色占有者”，这是官僚机构中典型的非个人化用语，表明工作远比个人重要。我不再是一群伙伴中的一员，而是身处一个名为“组织”的复杂框架网络中。这个组织不过是一台负责安排工作的机器，但我并不甘于成为机器的一部分。

我理解，在全球范围内组织多种石油产品的生产和交付是一项复杂任务，这需要以系统的方式依靠规则和流程来完成，但我不喜欢。我的工作在整个系统中只是很小一部分，它的内容都写在一份三页纸的“岗位说明书”里。岗位说明书最后有一行字：“权限：授权个人开支最高不超过 10 英镑。”这就是给我的发挥创造力或主动性的空间的极限了。这也代表了他们对我的信任程度——在我看来，真的不高。几年以后，我在明尼阿波利斯的雕塑公园里看到一座没有人穿的雨衣的雕像，写了《空雨衣》这本书，我认为这座雕像象征了大型组织看待员工的方式。从外面看好像有穿雨衣的人的轮廓，但实际上雨衣里空无一人。对于公司来说，员工就像国际象棋棋盘上的小兵，随着游戏的进程被随意挪来挪去。

好消息是许多这样的工作岗位如今都已不复存在，它们的工作内容被新技术承担。从理论上讲，人们不再需要做这类工作。没有人会对这样的变化感到遗憾，我之前的工作如果换成你来做，你也不会比我更喜欢。然而，大型组织仍将以某种形式继续存在，这构成了挑战。人类应该只做人类最擅长的事：团结一致，将事情尽可能明智、创造性、高效地做好。技术不应该去做那些人类更擅长的事情，反之亦然。即使意见有分歧，我们也可以在家庭里以及以家庭为单位的乡村中达到最好的团结。大城市是乡村的集合体，那么同时也就是家庭的集合体。伟大的辉格党政治家和哲学家埃德蒙·伯克称社会由“小单位”组成。诚如斯言。

为什么乡村和小单位要优于大型组织呢？因为它们是人性化的规模，允许你在里面以一个人而不是一个齿轮的方式存在。罗宾·邓巴教授广泛研究了从早期社会到现代社会各个年龄段的人类群体，得出邓巴数字：150。他说：“这是我们（能够）以个人化的方式认识、相信和产生情感纽带的人的

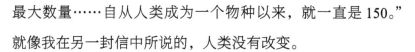

最大数量……自从人类成为一个物种以来，就一直是150。”就像我在另一封信中所说的，人类没有改变。

以我的经验来说，150还是有点多，我更喜欢邓巴的另一个研究，即人们不同亲密等级的人数之间常常呈现3的倍数关系。我们可能只有5个非常熟悉并信任的密友；在下一个层次，有15个我们乐于相处的好朋友或伙伴；有45个偶尔见面或是一起工作的人；有135个我们会寄圣诞贺卡或在Facebook上保持联系的朋友。我发现，对我来说，工作团队的最佳规模是最多45个人。当一个管理者告诉我组织已经发展到100个人时，我会说：“当心，你们即将开始专业化和部门化的进程，公司将变得越来越官僚，越来越像一台机器。”

我们需要大型组织，而且随着世界日益发展成一个大市场，现在比以往任何时候都更需要。石油公司（如壳牌）、汽车制造商、制药公司、钢铁厂和许多类似企业必须雇用大量人员才能完成其工作。新巨头如Facebook，只有在注册以后人们才能使用，所以新的竞争对手一旦出现就会被吞噬，这就是“赢家通吃”。有些国家可能会试图保护自己的经济不受外国巨头的冲击，但技术最终会打破屏障。这些都让大型组织继续存在，不会消亡。

这些类似城市的组织能否借由新信息技术的链接，将自己重组成小乡村的集合体呢？我认为这些组织如果想吸引出类拔萃的新生代人才，就必须开始这样做。现在的年轻人正在远离那种需要耗时多年沿着金字塔层级向上爬的传统组织。更多工作族发觉组织越小越好。

这样的组织已经存在。小型初创企业在取得成功之前都保持着小规模，而且大型组织也在做尝试。中国的海尔集团是一家拥有超过 7 万名员工的大型制造企业，生产冰箱、烤箱等家电产品，一般认为，这些已经是高度工业化大规模生产的成熟消费品了。然而，海尔由 2000 个左右自我管理的团队构成，每个小团队有 7 ~ 10 个人，自行组织工作，如果他们能做出改善或提高销量，就有权分享一部分节省的费用或获得的利润。我坚信联邦制是所有组织（无论是商业组织还是政治组织）在发展壮大的同时又保持其组成部分规模较小的最佳方式。英国强烈反对实行联邦制，这很奇怪，因为它是所有从英国脱离出去的殖民地（从美国到澳大利亚）所采用的体系。

尽管英国人对联邦制心存恐惧，但联邦制并不意味着中央集权，恰恰相反，它的主导原则是辅助性原则（subsidiarity），这个不好听的术语实际上意味着反向授权，即权力掌握在地方政府手中，地方政府会把它们认为中央能比它们做得更好的事情让渡给中央。这是一个个小乡村组成的城市能够运行的唯一方式。如果你对政治感兴趣，那么由起草美国宪法的开国元勋撰写的论文合集《联邦党人文集》值得一读。毕竟，你得承认美国在遵循联邦制理念方面表现卓越。

我和家人住在伦敦城边的一栋建于1890年的维多利亚式大房子里，这栋房子当时是为一个与仆人住在一起的大家庭建造的。主人占据了房子的大部分空间，而仆人住在顶层、地下室或隔壁的马车房里。这就是所谓的整体组织，所有与家庭有关的人都住在一起，从一家之主开始承担不同等级的责任。如今，这处房产被拆分为八套公寓，所有住户各自独立生活。我计算过，现在住在那里的人数和1890年的人数相同。我认为这栋房子就像未来的组织，从外观上看仍然是一个整体，但内部却由独立的小团队构成。这些小团队使用共同的设施，但本质上它们既独立又相互连接在一起。

现在的年轻人通常在一个组织中开启自己的职业生涯，无论是企业、政府还是慈善机构。这是非常合理的选择，至少在一段时间内是这样。组织如同职场中的研究生院，它们向年轻人介绍工作纪律、惯例和制度、销售能力和生产能力同等重要、业绩指标的设定和意义以及员工和上下级之间的合作与依赖关系。如果你沿着这条路径走下去，我认为你很快就会渴望小团队的亲密合作，和用你的主动性改变现状的空间。如果组织不能为你提供这些，你就要在研究生毕业后离开它继续前行。人不应该成为机器。

第 11 封信

你不是一项人力资源

组织可能是个艰苦的地方。我甚至认为，有时候它们就是禁锢人类灵魂的监狱，不知道我这样说是不是有点刻薄。我还记得自己大学毕业后得到了一份壳牌石油公司的工作，于是我给在爱尔兰的父母发电报说："生活问题解决了。"我当时的确就是这样认为的，因为壳牌石油公司假定我会在那里工作终身，公司确保我将获得一份体面的报酬，做对社会有益的工作，以及在退休后继续获得收入。我的生活应该没有什么别的好担心了。

直到我结婚，事情发生了一些改变。当公司要派我去西非的利比里亚分公司任职时，我认为外派是晋升阶梯上的重要一步，我妻子却不以为然，她说："我之前真是没想到我嫁给了这样一个男人，他愿意被他们派到任何地方，做任何事，无论这个'他们'是谁，并以他在公司里达到的职级来评判自己的一生。你知道自己是这种人吗？"那是我第一次意识到自己与"魔鬼"达成了一个后来被我称为"契约"的东西。为换取经济保障和稳定工作，我把自己的时间卖给了完全陌生的人，允许他们把我的时间用于他们自己的目的，而这些目的在一定程度上主要是使投资人致富。我认为他们给予了我一些东西，却无视我实际上放弃了我与生俱来的权利，或者我在生活中做自己想做的事情的权利。

当然，大多数组织并不这样认为。它们认为这是一种对双方都有益的两相情愿的安排。有些公司为了使工作场所更友好，会提供一些额外福利，比如免费食物、健康护理、儿童托管、冥想课程、体育设施、社区志愿者机会，所有这些出于善意的尝试，其目的都是打造一个终身工作的环境。然而，一个舒适的甚至奢华的监狱仍然是监狱，你还是得给予组织按照它们的意愿使用你的时间的权利，而有效利用这些时间就是所谓的“管理”。问题是，对你时间的管理不可避免地会涉及对你本人的管理，我想你和大家一样也不喜欢被他人管理和控制，特别是当你并不认识管理你的人的时候。

想想看，任何关键资产是富有才能或技术熟练的人的组织，无论大学、剧院、律师事务所、教堂，都不会称其中掌握权力的人为“经理”，而是称他们为院长、高级合伙人、主教、董事或团队领导。经理的头衔只适用于那些掌管物品的人，而不是管理人的人，物品指的是组织中物理或非生命的部分，如车马运输、信息系统和建筑。这些组织本能地认识到，人们不喜欢被“管理”，并尽可能避免使用这个词，因为这个词意味着你是一种资源，一种被他人控制的东西，一种按照别人认为合适的方式使用和部署的“物件”。不幸的是，“人力资源”这个词只会助长这种思维方式。作为个人，我们愿意认为自己握有选择权，我们不是把时间卖给别人的奴隶。在签字放弃我们的时间权时，我们就已经把我们生命中最富有活力的部分拱手相让，因为我们坚信这样做符合我们的利益。这就是我把它叫作“魔鬼契约”的原因。

更糟的是，当人被当作物品来对待时，他们真的会表现得像没有生命的“物品”——只做合同规定的必做事项。在假期中，我儿子曾到当地医院做一份搬运家具的兼职工作，他把自己十几岁的大脑用在了思考他和同事接到的任务上，提出了一些合乎逻辑的改变建议，这些改变能让工作的完成时间变为原来的一半。但他的同事被激怒了，他们说：按小时计酬的工作为什么要做得更快？为什么他们要为了他人的利益而做超出自己本分的工作？这是个简单的例子，但普遍存在于所有类型和规模的组织中。管理层观察到这种趋势，为了以一种让工人容易适应的方式调整，就会建立激励机制来促进更快地工作，结果却发现质量受到了影响。因此，他们在激励快速工作和严格控制质量之间寻求平衡，就这样，胡萝卜和大棒混合使用，就像在训练狗或者操纵笼子里的老鼠。当然，管理理论家说，好的管理者会认识到这一点，并通过说服和鼓励来领导。这种说法很好，但为什么不称其为领导力或其他什么词——非管理，以免你被视为一个自私自利的操纵者。

因为组织确实需要被组织起来。组织中的工作流程需要划分，人们要知道他们的工作要求是什么，以及什么时候做，达到什么标准，但这是管理工作，而不是管理个人。了解两者之间的差异极为重要。如果我知道我应该做什么，并相信它是有用的或必要的，我会自觉去做，并不需要有人在后面看着我。我在伦敦商学院的同事梅尔专注于团队管理的研究，有一天他辞职开了一家自己的餐馆，一年后我遇到他。“你把自己在学校里讲授的管理理论付诸实践，感觉一定很棒。”我说。“是很有趣，”他回答，“可我发现只要在一开始找到对的人，他们知道该做什么，然后自己就把事情做好了，并不需要麻烦的检查和监督。”我认为这就是领导力：创造良好的工作条件，选择正确的人，设定他们能够理解的业绩标准，并在他们达成目标时给予奖励。你可能会说我只是在玩文字游戏，但文字描述的是世界，甚至是组织的内部世界。我现在认为，工作需要被组织起来，物品需要被管理，但人只能被鼓励、激发和引导。这里的“物品”指的是建筑物、信息系统或其他实体的东西。

然而，有些人更喜欢提升管理理念，将组织和领导包括在内。伟大的彼得·德鲁克曾说过，管理是一种人文和社会艺术。尽管我很欣赏德鲁克的思想和著作，但我真的希望他能避免使用“管理”这个词，因为它已经被一些人曲解和滥用，这些人把“管理”视为对同胞行使权力的借口。词汇很重要，它们改变我们的行为，并通过词汇传递的隐性信息塑造我们的思维，进而再以我们的思想来塑造我们的行动。当某人被称为“人力资源”时，接下来就很容易使其他人进一步假设他可以像其他物品一样被对待，也许是被加油、加燃料，也可以被控制，甚至在“过剩”时被丢弃。你可能会说，优秀的管理者都知道人和物品的区别，但语言会欺骗你，让你身不由己地以本可能避免的方式做事。语言是狡猾而危险的，请时刻注意你的语言，以免发出并非你本意的信息。

总有一天，你会发现自己负责组织其他人的工作。你可能是某个组织中某个部门的负责人，也可能负责你自己的生意或项目。正如我在另一封信中说的，你无法仅凭一己之力完成很多事情。如果你像我一样，你很可能会觉得自己没有足够的能力来完成交给你的任务。我在壳牌的新加坡分公司工作短短两年后，就被任命负责管理它在马来西亚婆罗洲砂拉越的销售公司。砂拉越的面积和威尔士差不多，只有河流，没有道路。那里没有电话线路与新加坡的办公室相连，没有人来访，邮件至少要四天才能送到。我独自一人带领35名当地员工，管理三个机场和两个仓库，甚至连一本工作手册都没有。我后来发现，这是壳牌培养未来领导者的一种方式，把他们扔到一个小机构的最深处，在那里他们没有能力对组织造成太大损害，却可能带来改变，而且无疑会学到更多东西。

这种方式行之有效。我确实学到了很多，主要是通过犯错误并在别人发现之前改正过来。但一开始，我感觉赤手空拳，渴望有一本所谓的管理手册，实际上一无所有。你可能遇到的任何问题，包括我自己写的东西，实际上都是用冗长的文字修饰的实用常识，以彰显专业。我只希望你们记住组织、领导和管理是三种不同的活动并适当地运用它们。因为我确实认为，管理而不是引导员工是错误的，而且已经制造了太多运转失灵和令人不快的工作场所。你不仅仅是一项人力资源。

21 LETTERS ON LIFE AND
ITS CHALLENGES

第 12 封信

你与社会

《圣经》中说，以色列人出埃及以后在途中失去控制，他们的首领摩西登上西奈山，带下两块石板，上面是神写的“十诫”，将此作为他们这个群体的规则。“十诫”由上帝亲手书写，这一点至关重要，否则没人会觉得有遵从它们的义务。简而言之，所有规则都需要来自一个更高的、被公认的权威。第一批诫命是为了加强唯一神的权威，不可有其他神，不可雕刻偶像以及跪拜那些像。接下来是关于孝敬父母的训诫。在一个等级森严的社会，每个人都得知道谁说了算，谁制定规则，绝不能搞错。摩西深知，群体没有规则就无法运转。今天依然如此，我们需要规则来指导我们的行为，界定哪些行为是可以接受的，而哪些不是。当这些规则得到人民议会的正式批准时，它们便成为社会的法律，可以被依法执行。

甚至像企业和家庭这样的小型团体也需要规则来确定允许或禁止的行为。各种机构也设置了一套自己的程序和权限，如果你想加入它们或购买物品，就要遵守它们的流程。这些规则不具有法律的强制力，而是依赖于一种假定的契约，即一旦加入就表示你接受它们。无论企业、学校还是家庭，制定规则往往更多是为了方便组织，而不是为了方便客户或用户。新的数字世界使组织可以更轻易地将纪律强加给所有用户和员工。数字维度对组织（而不是用户）还有另一个优点——在你订购任何数码产品时都要提供给它你的个人数据，包括你的姓名、电子邮件，甚至出生日期。如果你只是购买

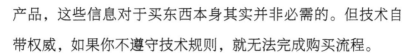

产品，这些信息对于买东西本身其实并非必需的。但技术自带权威，如果你不遵守技术规则，就无法完成购买流程。

我妻子认为大多数规则都毫无必要并且可以置之不理。当被问及她的姓名和地址时，她可能会填写瞎编的信息，以此作为对她称为“盗窃”的行为的一种小小抗议，即组织在我们没有意识到我们在泄露隐私的情况下获取我们的数据。她认为，规则必须受到挑战，因为太多规则是不必要的或者过于偏袒组织的。在她看来，大多数规章制度都不像铁轨那样的固定轨道，而更像是交通图上的路标。有一次我跟一位意大利朋友说起我在意大利开车的感受，那里的驾驶者几乎都无视限速提示。“噢，”他说，“他们只把限速当作建议，但如果发生事故，车速就要被考虑在内。”法律被视为建议性的而不是强制性的。我怀疑，这就是许多人对充满现代社会各个角落的一系列官僚规则的看法。

当然，你也可以走到另一个极端：完全听命行事。我认为这是对无形的、权威的“他们”的服从。他们是谁？这就是问题所在。我们曾经雇用一个清洁女工，她嫁给了一名英军士兵。有一天，她自豪地告诉我，军队将给他们一所新房子，因为她丈夫被提升为下士了。“新房子在哪里？”我问，“你们什么时候搬家？”“他们还没有告诉我。”她说。“‘他们’是谁？”我问。她看着我，好像在看一个笨蛋一样地说：“他们并没有告诉过我‘他们’是谁，不是吗？”有一次我乘出租车遇到严重的交通堵塞，“他们应该做点什么”，出租车司机生气地说。我再次问道：“‘他们’是谁？”“这就不知道了。”他说。

看不见的“他们”通常是更高的权威，大多是指政府的一个分支机构。如果我们把问题的决定权让渡给一些权威，我们就会认为这些事的好坏不再是我们的责任。这似乎是一种简单的生活方式，只做“他们”为你安排或决定的事情。但是要小心，你不能保证他们会把你的最大利益放在心上。他们想要的是对他们（而不是对你）而言最简单、最便宜、最有效的处理方式。为此他们将制定允许极少例外的规章制度，建立一个组织有序的社会，把公民当作棋盘上的棋子。一个管理规范的社会几乎没有个体差异的空间，这就是福利国家的弊端。毫无疑问，这一切都是出于好意，目的是为公民创造一个更安全、更有保障的世界。然而，一个无风险社会意味着实验被看作是鲁莽的，所以从来没有人尝试。“这是被允许的吗？”过去，当我妻子提出一些新的冒险想法时，孩子们常这样问。“我不知道，”她会回答，“但让我们过去看看他们会不会阻止我们，如何？”我希望你们记住这些话，因为没有尝试，一切都不会改变。

我过去常常以为掌权者更有智慧，也更了解社会状况，因此，让他们为我们决定许多事情是明智的。然而，当我得知其中一些人曾经是我的学生的那一刻，我终于醒悟了。我了解他们，他们只是普通人，为他们的主人和我们竭尽全力。

他们不是全能的，就像我们大多数人一样，他们经常发现当自己对一项政策有疑问的时候，虽然内心也有不安，但为了不给自己招惹麻烦，甚至因此丢掉饭碗，墨守成规也许是更好的选择。我们不应该贬低专家，但也要认识到，他们在一个受合同约束的体系内工作。我经常感到诧异和震惊的是，很少有执政者愿意冒着牺牲仕途的危险为他们认为正确的事情挺身而出。仅仅因为这样活着更容易就甘愿在虚假中生活是多么悲哀的事。我希望你能听从莎士比亚的《哈姆雷特》中波洛涅斯对他儿子雷欧提斯的忠告："愿你不舍昼夜，忠于自己。"

把责任向上推托给某些看不见的"他们"，还会有另一个无法预见的后果——在规范的社会中，没有明确规定或明文禁止的事情往往被认为是允许的。举一个例子，全球性企业通常会将利润转移到税率较低的国家，当有人对此提出抗议，认为企业应该在赚钱的地方纳税时，企业会回应说，如果他们想这样做就应该修改法律。商业道德因此被实质定义为遵守法律，这个道德定义非常低，以至于最终形成了一个愤世嫉俗、精于算计的社会。如果我们不能指望人们善待彼此，就会面临不断涌现出来的新法律。假如有人因我们的行为而受到损害，而我们并没有触犯法律，那么人们就会认为，收拾残局或通过新法律来防止此类事件再次发生的责任在于他人，通常是政府，而我们无须弥补损失或承担责任。其结果就是催生出大量以保护我们安全为目的的新法律法规。然而，这些法律法规不可避免地会扼杀主动性和创造力，除非你把绕过规则寻找新方法的狂热行为算作创造力。

我希望你记住，你对“他们”是谁以及“他们”的权威是什么负有一定责任。即使英式英语常常把你称为“臣民”来混淆视听，你也不是一枚棋子，而是一个公民，这个社会是由你这样的人组成的。你生活在民主制度（democracy）中，从字面上看，意味着权力属于人民（demos，古希腊语，意为人民）。掌权者是我们选择的，我们抱怨的“他们”最终也都是被我们大家选择的、和我们每个人一样的人。我们实行代议制民主，选举出众议员来代表我们做决策，尽管当我们选出的议员偶尔让我们直接做决策时会令人感到困惑。（在我看来，除特殊情况外，应该禁止全民公投，就像德国一样。因为公投推翻了我们选举出做这些决策的人的决定。一个国家可以有一种形式的民主，也可以有另一种形式的民主，但不能两者兼而有之。）

无论采取哪种形式的民主，都需要你尽自己的一份力量。首先，你必须投票，否则你无权抱怨“他们”。在澳大利亚，法律规定投票是强制性的，而在英国，投票是自愿的。如果投票日出现雨雪天气，你可能会觉得出门投票太过麻烦，但这种想法是错误的。为什么天气情况能影响我们行使自己的选择权？除了投票，你自己甚至可以成为那些被选举出来的决策者之一。民主包含很多层面，从你自己的社区开始，像我妻子一样参加教区委员会的选举就是一件有趣又有益的事。不止于此，你还可以在越来越高的层次为国家服务。也许你从代表你的学校或大学的委员会开始，在比较小的程度上成为“他们”中的一员。这样的话，你可能会对他们的问题更有共鸣。

然而，公民权不仅仅指选举。如果你关注社会上的任何重大问题，都不要只在私下里与你的朋友嘀咕和抱怨，而是要有所作为。有一个朋友主动召集了200多家大型组织支持她发起的运动，该运动旨在将家庭暴力定为违法行为，并鼓励所有人将其视为不道德的、对身陷其中的人造成伤害的行为。这些组织的负责人一致同意把这个运动宣传给他们的员工，并说服员工认真对待。没有人要求她这样做，她是在履行公民职责，还有我在公共场所看到的主动捡起地上垃圾的老先生，他也是一位好公民。唯有更多人认真对待自己的公民身份和责任，我们才不需要那么多令人头疼的规定。如果你担心气候变化，就不能把一切责任都推给政府，也要尽力而为，比如尽可能使用公共交通工具，每周只吃一次肉，说服别人跟从你的做法，最重要的是投票。

更进一步，我们需要在日常生活中运用辅助性原则。尽管它常常在理论中被提起，但较少被认真实践。辅助性原则指的是责任应始终落在最低实践点上，它赞成最大限度地授权，或者更恰当地说，它赞成反向授权，即个体公民和家庭的向上授权。换句话说，尽管国家可能会提建议，但它不应该告诉家庭如何抚养孩子；即使民众有很多想法，也不能决定国家把钱花在哪里。家庭无法自行决定的任何事项均应提交上级政府部门，但是否向上授权则由下级机构自行决定。社会的真正权力应该在于公民，他们向上授权他们自己无法做的事情。可悲的是，我们的权力被窃取了，我们得把它拿回来。辅助性原则意味着你不应该等着别人告诉你该做什么——只管去做就是了。

21 LETTERS ON LIFE AND
ITS CHALLENGES

第13封信

人生的变化曲线

想必很多读者已经厌烦了我的“通往戴维酒吧的路”的故事，但它对我意义重大，所以在此我还是要和你们分享。这是一个真实的故事，当年，我开车去爱尔兰的一个小镇阿沃卡，在穿过威克洛山脉的一片美丽但空旷的山林湖泊地带时，我不太确定我是否迷路了，此时我看到一个正在路边遛狗的人，于是停车问他这是否为去阿沃卡的路。

“这条路是对的，你沿着山路一直向上开到山顶，然后向下看远处的小斜坡，你会看到一条小溪上面有座桥，小溪的另一边是戴维酒吧。你肯定不会找不到它，因为它是亮红色的。这些你都记下了吗？”他问我。

“记下了，”我答道，“往上直行，沿着斜坡向下到小溪，旁边是戴维酒吧。”

“非常好，”他说，“在你离戴维酒吧还有一公里的时候，向右转往山上开，那就是去往阿沃卡的路。”

这条路听他说起来多么清晰明了！在还没意识到这就是传奇的爱尔兰式指路时，我就把车开走了。当开车到达山顶时，我果然看到下面的戴维酒吧。我继续开车，留意右边那条路，但一直没有看到。我没有经过任何路口就到了戴维酒吧。可恶的家伙，我想。当我掉头回到山上时，我发现路在山的另一边。我那乐于助人的向导并没有告诉我，在我到达山顶和看到戴维酒吧之前，我要向右转的路就已经到了。

你可能会问，这与什么有关？这件事让我陷入思考，我意识到这是关于生活和变化的寓言。

在我看来，人生就像一条躺下的长长的S型曲线，如下图所示：

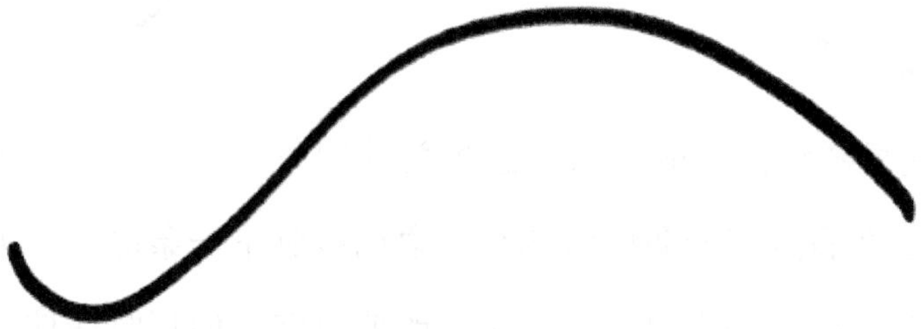

你的一生、每一个人的一生，甚至一个企业、学校、政党或者一个国家的一生，最开始都是进行教育、投资和试验的投入期。S型曲线在上升之前先下降。但是，人们希望它很快就会上升，而且一直上升。然而，这是一条S型曲线，人生或组织最终会到达巅峰并开始下降。人们会说，这就是人生，没有什么是永恒的。或许真是如此，但在结束到来之前，人生可能不是只有一次开始。你可以在第一条S型曲线结束之前开启一条新曲线，之后再开启一条。如果你想延长自己的成功，你理应这样做。但新的曲线也是S型曲线，它一开始是下降的，因为你需要在上升前进行新的教育、投资和试验。因此，你最好在第一条曲线到达巅峰之前就开启另一条曲线并走过最初的下降，因为当一切都在走下坡路时，再开始尝试新事物就会变得很难，应该像下图这样：

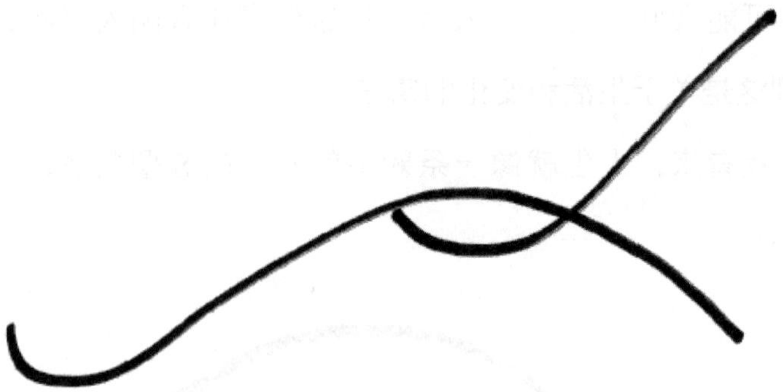

这就是戴维酒吧的故事与之相关的地方，你必须在向上攀登时且在看到第一条曲线的终点之前找到下一条曲线。大多数人在衰败来临之时，才下决心改变方向，但那时往往为时已晚，他们耗尽了精力和资源，却无法在溃败之前想出改变的对策。我见过太多的个人和组织，甚至国家，坐在路尽头的戴维酒吧，懊恼地思考事情为什么会变得如此糟糕，为什么不在形势大好的时候早做规划，为什么在发展顺利时错失良机，因为他们以为发展曲线能永远上升。

从心理上来说，你很难在聚会的高潮期，在每个人都兴高采烈时离开。然而，你如何知道你什么时候接近曲线的顶点？这是一个悖论。正如我在上面图中所示，你能看到第一条曲线上适合转弯的点的唯一时间是当你经过它的时候，就像我在通往阿沃卡的路上一样。问题是，在生活中你做不到故事里的我在开车时做的事——掉头开回去。这就是你需要帮助的原因，局外人更容易感觉到需要一条新曲线的点。每个司机都需要一个导航，但在实际情况下，没有导航能够为你指路，只有人类才能做到。

曼联足球俱乐部的传奇教练亚历克斯·弗格森可以巧妙地发现他的主力球员接近巅峰状态的时刻，因此能够在他们的状态下滑之前将其出售。但是当涉及他自己时，他的洞察力就不那么敏锐了。他在曼联处于顶峰的时候辞职，而他的继任者则要应对俱乐部日渐下滑的局面。同是一代传奇的乐购（TESCO）首席执行官特里·莱希在乐购也是如此。就个人而言，太多的人在他们的工作岗位上待的时间过长，然后发现很难开始新的职业生涯。许多被裁员的人说，他们希望自己多年前就已经自愿离职了。在我的生活中，我妻子是我的好顾问，她两次向我建议改变的时机已经成熟，每次我听到都很抗拒，但每次她都是对的。每一次我都至少花了两年的时间来适应我的新曲线，但最终都是非常值得的。

在理想的情况下，你应该在开始创建下一条曲线时保持上一条曲线继续向上的势头。为了做到这一点，组织会设立由新人或不拘泥于旧方式的年轻人负责的试点项目。我经常向人们建议，以某种形式的休假暂时离开当前的工作，至少是探索新可能性的一种方式。但遗憾的是，带薪休假在组织中仍然不容易，因此你要尽可能创造自己的休假时间。

如果你身边没有一个好顾问，则要注意一些预警信号，第一个就是骄傲自大。当你觉得一切尽在掌控，对自己处理任何事情的能力都满怀信心时，你就要注意了，你可能对未来过于自信了。自信是好的，但缺乏思考或忧患意识则是危险的。第二个预警信号是对自己当前职业以外的任何事物都缺乏好奇心。当我妻子告诉我，我已经成为最无聊的男人时，她明白这是因为我沉浸于工作中而无暇顾及其他。我也深知，应该抬起头来环顾四周了，否则我可能会错过通往未来的"戴维酒吧"的路。

接下来的问题是那条新路或新曲线应该是什么，我发现在这个问题上，尝试做点梦或幻想一下是很好的。在一个阶段中，我会列出我生活中所有重要的东西——金钱、时间、地点、个人满足感、贡献感，最后是可行性。然后，我设计三种可能的场景，并根据这些标准进行评估。它成了我与最亲近的人、最爱的人以及一些友人进行长谈的议程，长谈的过程也让我看到了新的可能性，因此，当机会来临时我已做好准备。正如我曾对我的学生所说的那样，生活中总会发生一些事情，苹果会意外地掉到你的腿上，但你必须站在果园里才有可能。简而言之，如果你知道自己想要什么，就该开始以某种方式进入那个领域，结识新朋友，阅读相关文献，参加相关会议或浏览相关网站。

还要记住的是，新曲线的启动成本将超过它最初的产出。我开启了三条新曲线，每一次都要应对最初几年的收入大幅减少。因此，如果你在探索下一条曲线时无法保持第一条曲线的上升，建议你最好预留一笔储备金，以备不时之需。我曾经为企业高管制定并实施了为期 9 个月的离岗研修课程，让他们在课堂学习的同时思考自己的未来。这个课程价格不菲，但对有些人来说至关重要，以至于他们申请贷款或用积蓄来支付费用，还有人说服他们所在的组织以离职补偿金的形式提供资助，因为他们学成后显然不会再回去了。这种休假学习的方式对很多人并不适用，但只要你想，并在上一份工作中积累了足够的储蓄，你总能找到办法实现它。

人生很长，每个人应该至少体验三种甚至更多种不同的生活，否则就多少有点浪费。记住，不要等开到“戴维酒吧”才停下，等你到达那里为时已晚，你所能做的只有借酒消愁，悔不当初。

21 LETTERS ON LIFE AND
ITS CHALLENGES

第14封信

适可而止

一个有趣的问题是：如果不是必须这样做，我们为什么还要如此努力工作？1930年，伟大的经济学家约翰·梅纳德·凯恩斯认为，经济问题会在适当时候解决，子孙后代不会再感受到物质的短缺。技术和生产力的进步将创造一个经济乌托邦，在那里人们每周工作不超过15小时。如果做到公平分配，我们所有人都将拥有充足的资源。他说，这令他感到担心，因为进化使我们产生了解决经济问题的冲动和本能，一旦生存无虞，人类将会丧失传统目标。换句话说，如果我们不再需要把每周的所有时间用于工作来养活自己，我们将无所适从。

仅从理论上讲，凯恩斯是对的。我们早已解决了经济问题，至少我生活过的富裕国家做到了。如果我们的分配制度更公平，现代社会中应该没有人处于贫困状态或缺乏体面生活所需要的东西。但事实上，如果“适可而止”的理念与“好东西永远不嫌多”的口号相抗衡的话，后者往往会赢。

在金钱的分配上，大多数现代社会依然维持着赢者通吃，落后的人能获得的只是剩下的稀少残余的局面。在现在的英国，有超过一半人口享受国家的某些福利。在许多国家，政府被迫支付在职福利，以保证有工作的人有足够的生活费。对那些受益者来说，谈论“适可而止”是一种侮辱，中产阶级也不例外。我朋友的孩子，仅比你们年长几岁，正在为购买住房、偿还学生贷款、支付养老金、找到一份体面工作而担忧，他们只想得到足够的收入以满足基本的物质生活，而并不奢望更多。凯恩斯的预言尚未实现，越来越多人的工作时间比以往任何时候都多，尽管他们已经过着相当舒适的生活。我们为什么要这么努力地工作？是为了购买更多物品，还是为了彰显我们的重要性？还是因为我们的同事得到的比我们多？无论出于什么原因，我们似乎永不满足——渴望更多东西、更多金钱、更多娱乐，更多的一切。当亿万富翁、慈善家约翰·D. 洛克菲勒被问到什么是“够了”时，他说：“再来一个！”许多人似乎都持有和他一样的观点：我们的欲望是没有止境的。

然而，还有部分源自我们对工作的热爱，不一定是对工作本身，而是工作带来的一切。工作赋予我们身份，成为个体的标志和社会的黏合剂，并且通过身份把人们聚集在一起，塑造我们的生活，给我们一个每天早上起床的理由。

在狩猎采集时代，人们的生活极其简单。对非洲南部卡拉哈里沙漠布须曼人的研究表明，认为我们的史前祖先勤耕不辍、生活艰辛的观点并不正确。我们的祖先不储存食物，只在饿肚子时才迫不得已拿起长矛去打猎，他们的需求不多而且很容易得到满足，因此他们一周只工作 15 小时，更多工作对他们而言毫无意义。有人称那里是“原始的富足社会”。然而，这可能是因为他们的社会缺少“钱”这种元素，钱比食物更方便储存，还可以用来交换更多其他物品。因为没有

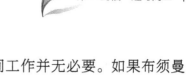

钱，我们的祖先认为花更长时间工作并无必要。如果布须曼人有金钱或其他交换手段，就不会再有悠闲从容的日子了。也许对金钱的热爱真的是万恶之源。

在我60岁之前，拥有足够的金钱是一个遥不可及的梦想。我曾经随身携带一张卡片，上面写着“收入”和“支出”两列数字，每每提醒自己不能“入”不敷“出”。然后，在我60岁的时候，孩子们离开了家，住房抵押贷款还清了，我的书开始畅销，我还发现了一种酬劳非常高的行为艺术——在商务会议上演讲。突然之间，人到晚年，“入”大于“出”了。这倒成了我的一道难题：我是应该充分享受自己的意外之财还是践行我提倡的适可而止？

有一次，在我接受《财富》杂志采访时，记者想知道我为什么把我的大型演讲限制在每年10次，而在那个时候，每一次演讲能给我带来几千英镑的收入。“你能做更多次演讲吗？”她问我，“你曾拒绝过演讲邀请吗？”

“是的，”我说，“我经常拒绝邀请。这些演讲意味着大量长途出差，让我离开家庭，无法写作，我为什么要做更多呢？事实上，我所做的演讲已经付给我足够的钱用于家庭开支，满足我的生活需要。”

“但是你可以赚更多的钱，难道你不动心吗？”

“如果我不需要这些额外的钱，又该怎么办呢？”

她想了一会儿，然后说：“你可以做收藏。”

这让我大开眼界，她说得对，富人斥巨资收集豪宅、游艇、艺术品，甚至朋友，这些是他们的战利品，是炫耀他们成功的有形标志。犹如古罗马帝国的皇帝在首都举行仪仗游行，通过俘获的酋长和劫掠来的珍宝宣告他们的胜利一样，现代的“皇帝”也必须有自己的战利品用于展示。

然而，我和妻子都不是收藏家。从那时起，我们尝试将“够了”的理念作为我们生活的准则之一。在我的职业生涯中，每年我们都会计算出我需要签署多少有偿的演讲、教学或写作合同，以确保我们有足够的收入，也就是说，这些收入足以使我们过上相对舒适的生活。我们很快发现，将“够了”的目标定得越低，我们就有越多自由去做其他事情。你可能会说，那些选择贫穷的人是有福的，只要他们不是被迫陷于贫穷。

凯恩斯认为，人类生来就是要工作的，如果不为金钱上的需要而工作，人类就会迷失方向，然而，这是一种非常狭隘的工作观。和许多人一样，我发现我从事的无偿工作比我为了赚钱养家而做的工作更让我有满足感。我的义务工作不仅包括为慈善机构或公益事业工作，还包括我在家里做的工作：烹饪、营造愉快的氛围、照顾孩子（包括你们），修理出了故障的物件。我喜欢烹饪，在砧板前忙碌一天以后，我认为这既是工作也是乐趣。我们还提供了一个非正式的咨询服务，邀请任何想谈论自己的生活或工作的人免费在我们的伦敦公寓里吃早餐，我们希望能对参与者有所帮助。我们乐此不疲，虽然它是让我们投入了所有精力和时间的工作，然而我们对由此获得的满足感心生感激。凯恩斯过于悲观了。凯恩斯一定也知道，世界上总有足够多有价值但无偿的事情值得空闲的手或大脑为之工作，他自己的生活里一定有很多无偿但值得做的工作。我甚至可以说，这类工作永远是不够的。

“够了”的理念并不局限于金钱和工作，它适用于生活的各个方面。最显而易见的是，饮食要适可而止。还有一种诱惑是把注意力集中在某一主题或活动上，而不考虑其他任何事情。当你错过了发展其他兴趣或参与其他活动的机会时，就会面临经济学家所说的机会成本的风险。有一年，当我全身心投入到工作中时，我妻子告诉我，我已经成为她所认识的最乏味的男人。我忽略了“够了”的原则，这让我的生活变得狭隘，甚至可能差点毁了我的婚姻。

21 LETTERS ON LIFE AND
ITS CHALLENGES

第 15 封信

主要是经济问题，笨蛋

克林顿的竞选顾问詹姆斯·卡维尔坚持认为经济问题是1992 年美国总统大选的关键。他担心当时美国的失业率，担心底层工人因为缺钱而陷入困境。这提醒我，当你年轻的时候，无论是在学校还是在家里，经济学都是一个虽然重要但很少被谈及的话题。别担心，这封信不是关于英国未来经济的论述，也不是关于梅纳德·凯恩斯的演讲——尽管作为英国最杰出的经济学家，他的确很值得研究。我关心的是你的个人经济情况和你的钱。我知道这封信比我其他信件的哲学基调更基础一点，但钱很重要。当你没有钱的时候，它最重要；当你拥有很多钱的时候，它又可能对你显得过于重要。我接下来阐述的是我从自己的经验中学到的东西。

我告诉过你们，我在爱尔兰的一个神职家庭长大，尽管钱很少，但家里从来没人提过钱。这是因为我父亲以及他的职业就是思考为他的使命筹措资金的问题。他的雇主爱尔兰教会不希望他将金钱视为对他工作的奖励，如果以金钱衡量他的成败，那将如何衡量他承担的所谓的“对灵魂的关怀”？所以教会为他提供住宿和生活费，生活费的标准为足够生活但不能致富。这笔生活费说不上特别充足，但也算足够支付生活开销，教会还提供了一套免费的房子和一个大花园。这种安排意味着金钱绝不是衡量我父亲所做的任何事情的标准，他可以自由地献身于他的事业而不必担心薪水，因为那是固定的，接受或放弃都随他。中等收入是这个职业的惯例。其实有足够生活费的基准原则对于很多其他职业也会是很好且有用的原则，或者你也可以把它应用到你自己的生活中。

事实是，当你从事自己真正热爱的事业时，有钱与否并没有那么要紧。如果有必要，画家会住在阁楼里。在我自己的职业生涯中，我从石油公司高管转到学术界，再到自由作家，每个角色的转换都是为了在工作中获得更多的乐趣和成就感，但与此同时还得接受我的收入曲线的下降。只要有够用的钱，我和妻子就心满意足了。我并不是建议你们像我一样去追求一个向下的财务螺旋，我要强调的是，享受你所做的事比赚钱更重要。为此，你可能需要根据收入调整生活水平，而不是相反。这在你的朋友生活水平都比你好的时候可能并不容易，但最终很可能是值得的。为金钱而奋斗会泯灭灵魂。

我妻子有一个奇怪而又非常重要的金钱哲学，她把花钱分为投资和支出两部分，如果某样东西是一项投资，她会竭尽所能，必要时还会借钱投资。当我们要在花园里建一个乒乓球室时，我无意中听到建筑工人问她："你想用胶合板还是橡木？"她说："当然是橡木。"我的心沉了下去。但最终她是对的，这个小屋现在成了我们非常实用的备用卧室。当然，对于身为摄影师的她来说，照相机永远是一项投资，不管它有多么昂贵。有一次我说："你可以买辆车。"她答道："我不需要车，我需要的是照相机。"至于支出，则是另一回事，她讨厌不必要的开销。比如，在餐馆吃饭比在家里做饭吃贵得离谱，而且环境嘈杂，当我们到了免费乘公交车的年龄时，出租车就被淘汰了。然而，好衣服是一项投资，只要它们能穿很多年。

我正好相反。我生长在“够用”的文化中，“自己做、自己用、自己修”是我的座右铭，而不是“坏了就扔，再买新的”。我渴望有机会潇洒地把钱花在体验上——外出就餐、看电影、旅游等，而不是购买东西。幸运的是，我娶了一个想法截然相反的人。回顾这些，我是想强调我妻子有多明智，尽管她的一些投资过了许多年才开花结果。现在，我把她的金钱哲学作为一种好的生活方式推荐给大家，这也是运行国民经济的最佳方式，即只为投资而借钱，量入为出。我妻子本可以成为优秀的财政大臣。

所有这些都是为了强调金钱和成就有时可能是“同床异梦”的伙伴。我很久以前就意识到，我早年的梦想（找到一份我喜欢的工作，有令人愉快的伙伴和足够的钱）只是一个梦想。很少有人能得到这种不太可能的组合，尽管当你有一份高职业技能的工作时，你就有可能有机会。我最终不再寻找那份难以捉摸的完美工作，并意识到我必须将两到三种不同类型的工作结合起来，也就是我所说的组合式工作，以获得金钱、乐趣和成就感的正确组合。我发现，商务会议演讲的报酬足以支付我的生活费用，但我坚持认为，我真正的工作成就是我的书，即使它们卖得并不算好。我把这种工作方式叫作“三部分式工作组合”，这个词在日新月异的工作世界里正越来越流行。

如果你和我一样无法找到理想工作，我向你推荐组合的理念。找一些你花部分时间就可以赚到足够钱的工作，然后留出足够的时间去做你真正想做的事。只是要小心，不要太受金钱的诱惑，不要把太多的生命浪费在赚钱上。

21 LETTERS ON LIFE AND
ITS CHALLENGES

第 16 封信

“我们”总是打败“我”

我希望你们足够幸运，在一生中说“我们”的次数比说“我”更多。陪伴非常重要，因为它意味着有一个可以与你分享希望和不确定性的人。他不一定是生活伴侣，可以是你的家人，也可以是一个工作团队或整个组织，甚至是一项社会活动。在另一封信中，我提到了罗宾·邓巴的观点，他认为你最多有五个密友和15个好朋友，这些人是你生命中最重要的“我们”，尤其是你的五个密友，他们就像你生活中的定海神针，当你周围的环境都陷入崩塌的时候，他们会帮助你保持向上的力量。你们彼此之间充分了解，他们不会被你不真实的抱负所误导。你可以向他们敞开心扉，因此你要把友情长久地维系下去并且善待他们。

友谊自古以来就被珍视，在莎士比亚的《哈姆雷特》中，波洛涅斯给其子雷欧提斯的箴言是：

> 对人友善但不要显得轻浮，
> 对知己忠诚并将他们紧紧拴在心上，
> 对只分享酒肉之友不要倾心太多，
> 对泛泛之交不要滥用自己的交情。

弗朗西斯·培根说，没有友谊的世界不过是一片荒野。他还说：

> 一个人从另一个人的诤言中所得到的光明，比从他自己的理解力中得到的光明更干净纯粹……一个男

人作为父亲不能对儿子说的话，作为丈夫不能对妻子说的话，依据条约不能对敌人说的话，在情形需要的时候可以对朋友说……

我必须代表培根道歉，因为他的关注对象都是男性。他毕竟局限于他所处的那个时代，我相信如果生活在现在，他对女性也会如是说。一个真正的朋友会告诉你可能让你难过的真相。我过去经常梳头以遮掩我日趋严重的秃顶，看起来很滑稽。没有人对此说什么，我的妻子和孩子都没有。终于，一个朋友让我面对自己，“你是秃头，”她说，“别假装不是。”一旦我接受了这个事实，我就真的获得了自由。

如果幸运的话，你可能会遇到一位忘年交成为你人生的良师益友，他会发现你最好的一面并鼓励你。就我个人经历而言，有三个人帮助我跨过了新生活的门槛，一位是确保我上了大学的校长，一位是充分信任我的上司，他在我还没有表现出应有的能力之前就提升我为全职教授（他说“你必须在任命后证明我的决定是正确的”），还有一个人把我介绍到美国。我人生中取得的成就很大一部分要归功于他们，对此我永远心存感激。印度哲学认为，我可以通过给与其他人同样的帮助来回报他们。我在试着这么做。

然而，你的大多数密友都与你年龄相仿并且性别相同，因为他们是最有可能与你经历相同的塑造人生的重大经历的人。共同的经历把你们连在一起，你们可能是大学室友，或者曾在同一个团队中，以某种方式互相依靠。我花了很长一段时间才和一位女性建立起和男女关系无关的友谊，后来我发现，我与异性间的纯粹友谊大有裨益，因为她们帮助我从迥然不同的角度看待这个世界。

我妻子绝对是我最好的朋友。婚姻对我们的关系有帮助吗？当然，因为它是基于我们共同度过55年的重大人生经历。同时，法律和公开承诺把我们结合在一起，这让人想到就感觉安心。然而，更重要的是，我们的生活因为对彼此、对孩子，以及后来对我们的孙辈的共同承诺而连在一起，没有这种共同承诺，婚姻就不会幸福美满。当然，还因为爱，爱会在激情消失以后变成物理和心理上的相守相伴，成为维系“我们”的纽带。我观察人的一个小游戏是计算人们在交谈中使用“我”和“我们”的次数。通过倾听，你可以了解他人的很多事情。

然而，人们不会告诉你的是，要想在任何关系中享受“我们”的毋庸置疑的好处，无论是合作伙伴、亲密友人还是工作团队，你都必须先对其进行投资。光想占便宜是得不到真正的陪伴关系的。要想得到，先要给予，在真诚关心他人的情况下给予，而且，理想的情况是关心他人多于关心自己。诗人菲利普·拉金说得好：

我们应该相互顾念，

我们应该善良仁慈，

在我们仍然可以之时。

善良是友谊的黏合剂。只要出于善意，你可以和朋友争论，不同意他们的政治或宗教观点，但也尊重他们各持己见的权利。正如我之前所讲的，苏格兰哲学家大卫·休谟曾说：“真理是从朋友间的争论中产生的。”他是对的，从与朋友的争论中我学到了很多，结果往往令自己也感到惊讶。爱尔兰人常说：“在听到自己说的话之前，我怎么知道自己是怎么想的？”婚姻亦是如此，最好的婚姻往往是双方不同而互补贡献的结合，就像我们的婚姻一样。夫妻超越丈夫和妻子的刻板角色，探索新的相处方式，常常能带来更好的伴侣关系。

我们曾经把我们的朋友分成两组：排水管和光源。“排水管”耗尽你的精力，让你时刻都在想他们什么时候才能离开，但当我们与“光源”相遇时，他们的谈吐、他们的想法和能量丰富了我们的生活。这似乎有些不公平，因为如果我们能找到一个朋友感兴趣的话题，或者迎合他们的关注点，即使是最无聊的“排水管”也能活跃起来。更重要的是，我们的小游戏提醒我们自己要做凝聚友谊的“光源”而不是“排水管”。通常情况下，我发现这是一个精力问题，也就是我准备在一个人或一件事上投入多少精力。比如和家人在一起的时候人们很容易放松，与家人的交谈也很敷衍。那时我会突然停下来问自己：为什么我对自己至亲至爱的人如此无礼，把他们对我的关心视为理所当然？所以“光源”总是受欢迎的，而对“排水管”，人们充其量只是容忍。

要把“我们”的理念带到工作场所，即使这个工作场所可能并非实体场景。我做过一项关于企业家的研究，他们一致认为，即使最初的想法是自己的，他们也不可能独自完成工作。我说过，最好保持小规模，但小规模有效的前提是工作小组已经是一个紧密结合的团队。团队是具有共同目标且每个成员为它贡献自己的价值的群体。这是一种比较宽松的友谊形式，并在大家真正致力于共同目标并尊重彼此的贡献时发挥出最好的效果。

我认为最能体现团队精神的例证是 8 人赛艇队，艇上有 8 个桨手，如果加上舵手实际上是 9 个人。赛艇的有趣之处在于，领导者角色的分配随着任务的变化而变化。其他组织可能会注意到，赛艇队里没有领导者。赛艇队里的确有一位官方的队长，他的主要职责是代表全体船员对外沟通并选择团队成员，然而，一旦赛艇到了河面上，他就只是团队中的一员，通常在赛艇的中间位置。然后，领导任务就落在了领桨手的身上，他负责引领其他桨手的节奏。同时，人在艇上却不用划桨的舵手是唯一能看到行进路线的人，因此他负责艇的前进方向决策。还有教练，他根本不在船上，但会在岸边进行指导或在比赛前后做分析和总结。

在我看来，8 人赛艇队是团队的理想模式。每个人都因其个人的能力而被选中，但必须与大家密切合作，否则整个团队就无法成功。几年前，牛津大学招募了一批正在那里就读的国际赛艇手进入赛艇队，并打算让他们参加传统的牛津剑桥对抗赛。这些新来的国际明星觉得没必要和团队其他成员一起早起训练，因为他们是高手，好心地把自己的才华贡献给了团队。这 8 位选手傲慢自大，不肯将自我置于团队之下，因此根本无法形成一支有效的队伍。他们在比赛前不久被淘汰了，替换他们的是一支年轻的、缺少比赛经验的队伍。新赛艇队以他们的奉献精神和承诺弥补了他们在个人能力和经验方面的欠缺，最终赢得了比赛，令人信服地证明了如果“我们”是一个团队，“我们”就会打败“我”。

在艺术领域和其他团体运动中也是如此。演员或音乐家如果试图抢戏，不仅会毁了演出，还会毁了自己的名声。不管多么优秀的网球运动员，都会围绕自己建立一个团队，甚至顶级球员也要聘请教练。没有人优秀到不需要学习的地步，组织都应该注意这一点。较小的团队规模、不断变化的领导角色、共同的使命和明确的目标——这些是追求卓越的秘诀。还要注意外部教练和定期研讨会的作用。再优秀的人也需要来自外部的观点和视角，任何活动都要定期回顾，这是一种建立在信任和共同利益基础上的伙伴关系。如果你发现自己在这样一个群体中，那你是幸运的。以后，有了机会和责任，你应该明智地尽一切努力创建 8 人赛艇式的团队。

我妻子最近去世了，半个多世纪以来，我第一次孑然一身，这种感觉很奇怪。我不能说我是孤独的，因为很多人来看望我，邀请我一起看剧或参加音乐会，但相濡以沫的生活和志同道合的感觉已经消失。诚然，我有了某种自由，当我做决定时不必考虑他人，几点睡觉、吃什么、想见谁都是我说了算。但是，自由不能弥补亲密关系的缺失，我妻子一直在我的脑海里，我几乎每时每刻都在想着她。我仍然按照她喜欢的方式做着我们过去常做的事，我仍然会看向她的椅子，看她是否像以前那样在看电视时睡着了。当我计划旅行或接受一项工作时，我仍然能在耳边听到她的声音。我仍然能想象她读到这篇文章时，会坦率地告诉我她的见解，无论是好是坏。

我失去了我最好的朋友。也许只有当你失去了某个人或某件东西时，你才知道他是多么重要。友谊也是如此，永远不要认为一切理所当然。珍惜那些特别的朋友，如果他们离开了，你会想念他们。

21 LETTERS ON LIFE AND
ITS CHALLENGES

第 17 封信

当两个人合二为一

我希望你们能在适当的时候坠入爱河，开始一段长久而忠诚的关系，不管你们称之为婚姻或是其他什么。作为生活和未来家庭的基础，没有比这更好的了，尽管像每种关系一样，它并不总是那么容易。我能做的最好的事情，就是告诉你们我在这件事上的一些成功经验，希望你们能从中学到一些东西。

我举行婚礼的日子是充满了浪漫、焦虑与快乐交织在一起的一天。这一天，我们彼此许下诺言，举杯庆祝，切蛋糕，向来宾挥手告别，步入人生新旅途。我们接下来的人生会是怎样？我们从来没有坐下来讨论过这个问题，也没有讨论过生活会是什么样子，谁做什么，什么是优先事项。我们觉得在一起很美好，而且我们会一直这样好地在一起，没有必要像对待工作一样用计划和岗位职责来破坏这种感觉。50年前，人们通常理所当然地认为我的事业更重要，并由此决定我们的生活地点和生活方式。而她，伊丽莎白则主要负责做家务和照顾我们未来可能会有的孩子。不管她会培养出什么兴趣和才能（也许会有很多），她都必须以家庭和我的生活为重。我以为她也这么想，虽然我不记得是否问过她。

回首过去，我自私得令人难以置信，特别是我的职业生涯总是不断把我带到更需要人投入的领域，从商业到学术界，再到为教会工作。但糟糕的是，每一份工作的报酬都比上一份更少而不是更多。这使得填补不断扩大的财务缺口的责任落在了伊丽莎白身上，她总是勇敢地承担起来——从经营自己的室内设计业务，到出租一些小公寓，而且所有这些都是在照顾家庭的同时进行的。结果，我从来不给她钱去购买食物和生活必需品，她把挣来的钱都花在这些上面，我负责常规支出：偿还抵押贷款、水电费、修理费，当然还有买酒。这种做法并不常见，我父亲每月给我母亲一笔固定的家用钱，这笔钱由我母亲负责管理。我记得她经常对着记账簿发愁，努力回忆自己把钱花在了哪儿。记账簿中一个常见的项目是 SPG，我以为是“福音传播协会”（the Society for the Propagation of the Gospel），这是一个深受我父母喜爱的传教慈善机构。直到有一天我母亲说她的 SPG 代表“大概是些吃的”(something probably grub)。

在这方面，我们已经进步了，或者说社会已经进步了。我不是家里的主人，即便我仍然是我们家对外社交生活的主要支柱，而且，我们也从未就这些安排进行过正式讨论，都是遇到事情的时候看情况做出的选择。现在我感到很惭愧，我对家庭的贡献太少了。清晨我开着家里唯一的车离开家，晚上孩子们上床睡觉后我才回来，让我妻子骑着自行车送孩子们上学、购物和做家务，还要挤出她自己的工作时间。但我们都是那个时代成长起来的人，这是我们的朋友和同事普遍理解的婚姻模式。

至于我们为什么没有正式地讨论一下，我不得而知。我们在众多亲朋好友面前许下的誓言和承诺，是一份彼此相爱和照顾的契约，但对于它包括的具体内容和执行方式却从未说清。正式合同的必要附录在这里被遗漏了，和其他所有人一样，我们在生活的不同阶段对里面的内容进行添加完善。当我们这么做的时候才开始意识到，我们每个人对附录中所应包含的内容各自持有不同观念。因为我们从来没有把这些想法直接说出来，所以对彼此的怨恨就郁积起来，甚至偶尔还会爆发。

事实上，每种关系都基于一个隐性契约，是一种期望值的平衡。除非把契约中所包含的内容都说清楚，否则误解是不可避免的。此外，契约需要对每一方都公平。多年前，我在壳牌工作期间，当我与一位其他国家的代理商进行合同谈判时，我们对合同条款达成了一致，然后握手，喝了一杯传统的白兰地酒。接着，我拿出正式的公司合同让他签字，他非常愤怒，“那是干什么用的？”他生气地说，“你不相信我吗？只有我们双方都得到我们想要的东西，合同才会生效，没有必要签字。事实上，这让我怀疑你觉得这个交易对你更有利，所以想用签名来锁定我。”我说服他这只是公司的一个工作流程，但我接受了他的观点。如果双方都觉得交易不公平，那么无论商业合作还是人际关系都不会持久。如果我记住签署那份合同的经历，我们就很可能可以避免婚姻生活中的很多不愉快。合同应该能够同时带给双方足够多他们想要的东西，这样才能奏效。那份合同由于时间限制需要在适当的时候重新谈判，那些隐性的婚姻契约也需要不断更新，来应对环境的变化——工作的改变，孩子长大成人，人们的生老病死。

对我们来说也是如此。我50岁时失业了，没有合适去处。由于我还年轻，又太穷了，因而不能退休，于是我成了一名自我雇用的作家和演说家。自由是令人兴奋的，但收入不稳定，我觉得开口要钱很尴尬。幸好我妻子救了我，她成了我的经纪人和业务经理，并且非常擅长这方面的工作，以至于让我变得更忙也更富有了。直到有一天她提出不再干了，她说她的生命已经淹没在我的生命里，经过五年的业余学习，她刚刚获得了摄影学位，现在她想实现自己成为一名专业肖像摄影师的梦想。我妻子开启了她的事业，尽管这花费了她人生前50年的大部分时间。当然，这主要是我的错。

这一次我们确实坐下来进行了一次真正的契约谈判。我们约定把一年分成两部分，在夏季的六个月里，以她的工作为先，我做幕后支持并专注于研究和写作，不接受任何需要外出的工作，而在冬季的几个月里，我可以在她的帮助下安排演讲活动。此外，我们决定各自承担一半做饭任务，她负责在伦敦公寓的部分，我负责在乡间小屋的部分。幸运的是，我们都是独立工作者，而且孩子都已离家，我们可以自由安排自认为适合我们的生活方式。不是每个人都有这种自由度，但大多数夫妻确实需要在人到中年时，随着环境的变化、孩子离家、失业或者换工作，而重新调整他们的关系。面对这种情景时，常常会出现一方不经讨论就单方面决定更改契约，甚至在某些情况下干脆另寻（通常来自工作合作关系的）新配偶的情况。我们是幸运的，因为我们能够互相帮助、共同工作，这使我们建立了新的关系。

那个新契约持续了20多年，为我们带来了富有成效的愉快时光。然后情况又发生了变化，当我快75岁时，按照法律规定，我要将积蓄转换为年金，这意味着我不需要像过去那样赚那么多钱了。我有一些养老金，与此同时，孩子也开始有了他们的孩子。我没想到这些小宝宝在为我们带来快乐的同时也会占去很多时间。显然，生活必须再次改变。这次改变后的生活更像人们认为的退休，因为有偿工作不再是我们两个人生活的主要部分，但并没有很多“休”息的感觉，我们比以前更忙了，新情况让我们需要一份新契约。

某种形式的工作必须是契约的一部分，没有正经事可做的生活似乎毫无意义。由于我们不再需要做那么多有偿的工作，因此有能力做更多义务工作。我们在一些公益项目中结合我们的能力和兴趣，为志愿组织制作照片纪录片。我们不再把一年分成两部分，因为我们现在一起工作。靠一份固定的而且可能还在下降的收入生活，我们需要简化我们的生活方式，要精简和丢弃而不是积累。我们曾经做过的许多事情，现在看来都是没有必要的甚至是毫无意义的。生活在继续，会有很多东西保留下来，因此，重要的是我们要花时间思考如何度过我们生命中剩下的岁月，因为雄心壮志是没有意义的，而成就对我们来说也不再意味着人们平常口头上说的那种成功。我们要充分利用人生最后几年的宝贵时光，需要仔细考虑新的契约。俗话说，幸福就是有事做，有人爱，有希望，对我们来说，这三样东西让我们觉得人生是值得的。

当然，我们是幸运一代中的幸运儿。很多人会羡慕我们的生活表面上的轻松，虽然在当时我们并不觉得轻松。并非每个人都有自由做出我们所做的选择，但无论遇到什么情况，我们每个人其实都有选择的余地。如果我们足够幸运地处在一段亲密关系中，这些选择必须考虑到另一个人，并要随着生活的变化不断修正，否则它们不会奏效。我们花了很长时间才意识到这种相处之道，而且中间经历了不少困难。当别人谈论他们的第二次或第三次婚姻时，我会半开玩笑地说，我也是第三次婚姻，但是对我来说，对象是同一个女人，这就使一切不同了。待时机成熟时试试吧。换一种不同的方式，和相同的人在一起相处。

第18封信

无法被计算的东西更重要

不被计算进来的就不算数——这句俗话说得好。人生的大部分事情都是数字游戏。从宏观经济的规模到你的用电量或膳食营养，数字才是衡量标准。数字，以及数字科学——数学和统计学是除了音乐之外唯一真正国际化的语言，甚至音乐也可以被认为是另一种形式的数字。无论使用什么语言，世界上的每个人都可以做同样的算术题，阅读同样的图表，进行同样的计算，这真是了不起。这就是为什么每个人都应该尽早学习数学语言，尤其是统计学语言的原因之一。

然而，数字是靠不住的，它并不总是说真话，或者不是全部的实情。企业的资产负债表中不包含该企业通常所说的首要资产“人”的价值估算，它们仅在利润表中作为成本被计入。一个国家的国民生产总值（GNP）包含的远远超过其生产的产品的价值。政府和武装部队的开支，因道路交通事故而产生的费用以及由此产生的医疗和维修费用都被计算在内，但这些费用几乎不应被视为这个国家的产出。然而，所有的无偿工作，无论是抚养子女、做家务还是照顾年迈的亲属，都没有被计算在内，但其中却包括了卖淫和毒品交易的估计值。据统计学家计算，如果你必须雇人来做所有的家庭护理工作，则可能要向护理人员支付至少 25 000 英镑的年薪。将这些数据纳入 GNP 的话，我们国家的经济数据排名将大幅跃升，但实际上人们的生活并不会发生任何改变。除非你知道数字来自何处以及哪些数字在计算中被包括在内或被排除在外，否则你就无法真正理解数字的真正含义。

数字很容易被操纵。一份健康报告可能会说，那些每天跑步超过 4 英里[㊀]的人比其他人患上某种特定脚部疾病的可能性高 50%。慢跑者开始担心。但报告没有说的是，只发现 1% 的跑步者患有这种疾病，1% 中的 50% 其实是一个不足为虑的小数字。或者为了强调某种货币的涨跌，记者可能会制作一张图，其中的起点不是零，而是大大高于或接近平均值的数字，这张简化了的图会夸大任何上升或下降。在看数字图表时，你必须知道自己在看的数字的内涵以及它存在的背景。

这种唯数字论带来的对数据的误读（以及它的危害）在越南战争中体现得淋漓尽致。越南战争在很大程度上是由时任美国国防部长的罗伯特·麦克纳马拉策划的。无论以什么标准来衡量，罗伯特·麦克纳马拉都是一个成功人士：哈佛大学毕业，福特汽车公司总裁，在 20 世纪 60 年代升任美国国防部长。麦克纳马拉是美国活力的象征，但他有一个重要缺陷——以数字看世界。越南战争是人类冲突导致的不可估量的混乱，而不是工厂流水线上可以精确定义数量和形状的零件生产。在这种情况下，麦克纳马拉将敌我双方的死亡人数作为衡量胜败的标准，造成局势失去控制。由于麦克纳马拉的统计方法没有考虑到诸多看不见的变量，使得美国公众通

㊀ 1 英里 =1609.344 米。

过全国性、划时代的反战运动呼吁停止与越南的战争。尽管美国从纸面上的数字看“赢”得了这场战争，但最终他们失败了。

社会学家丹尼尔·扬克洛维奇把麦克纳马拉的问题归纳为所谓的“麦克纳马拉谬误”（McNamara Fallacy），对它的表述是这样的：

> 第一步是测量任何容易测量的事物，事情在这一步其实并无不妥；第二步是无视那些不能轻易被测量或者提取定量数值的事物，到这一步就已经有相当大的人为操纵性和误导性了；第三步是假定无法轻易被测量的东西并不重要，这是盲目的；第四步是说那些不能轻易被测量的东西实际上并不存在，而这简直就是自杀。

麦克纳马拉甚至自欺欺人，战争结束很长一段时间后，他承认他在战争进行中也经常认为这场战争可能无法取胜，但他依然相信自己的（看起来代表赢面很大的）数字并继续战斗。类似的情况也发生在教育领域，老师说他们要让孩子得到全面发展，并把孩子的潜力充分开发出来。老师也认识到，考试成绩仅能衡量一个年轻人能力的某些方面，然而分数是他们仅有的数字，因此分数就成为他们的关注点，也是他们和学校被评判的标准与依据。考试成绩之外的其他天赋或能力都不能用数字衡量，因此实际上常常被忽略了。老师虽然意识到了这个问题，但他们受到数字和体系的驱动，专注于那些可衡量的能力和技能，并在实际上用它们代替了自己本该使用的全面教育的标准。家长在这个问题上是老师的同谋，因为他们从自己的角度也希望自己的孩子能在这个体系中成功，即使他们像麦克纳马拉一样预感到这个体系只说了一半真话。

随着生活的继续，情况变得越来越糟。我们如何衡量我们的进步？人生是一段旅程，我们需要知道我们在旅途中的位置，即使我们心里没有特定的目的地。我们还想要幸福，想要爱与被爱，想要享受友谊和陪伴的快乐，想要旅行、运动、欣赏艺术、美食和美妙的音乐，所有这些都能让生活变得愉悦。我们虽然很珍视它们，却无法以数字衡量。因此，我们将Facebook上“赞”的数量或Twitter上的粉丝数量作为衡量幸福的替代指标，或者，我们会与同龄人比较职位和薪资的高低。最终，这些数字本身变得很重要，成为人们追求的目标。

为什么企业高管即使明知自己并不需要这么多钱，而且会因此备受诟病，却仍然渴望获取超高的奖金？这是因为高薪是衡量他们成功的最佳公共标准。如果这些高管的奖金都以慈善礼品代币的形式发放，只要所有高管的工资都这么发，他们也一样会（为获得这笔不能花在自己身上的钱）感到满足。想想看，为什么他们需要奖金来作为驱动他们干活的动力？没有哪个职业这样做，我刚开始工作时，我所在的公司也没有这种情况。当赚钱成为成功的定义，数字在你眼前闪耀，你就无法看到工作或生活的真正目的。

麦克纳马拉谬误意味着生活中的许多事情的重要性被推到第二位或第三位。美丽与和谐、爱与善良、希望与勇气、诚信与忠诚，所有这些使人生值得的事物，连同与之相反的事物——谎言、欺骗和不诚实，都被遮掩起来。有时候，美好事物被排在最后。但这取决于你如何定义人生，如果你知道自己想要怎样的生活，就不会对数字过于担心。

有一天，一个开发商走进我家提出买下我们的房子重新开发，我说这是我们住了二十多年的家，恕不出售。他回答说每个房子都有自己的价格，并许诺付给我三倍于房子市场价值的钱，我瞪大了眼睛。我们拿这么多钱能做什么呢？在一个更好的地段买一套更高档的房子？也许两套？“成交。”我想了一下说，然后我们握了握手。我到厨房去告诉妻子，“我卖掉了我们的房子”，我说。“什么？”她愤怒地喊道：“你没有权力那么做。”我把价格告诉了她。“哇哦！”她说，她像我一样顿时被这个数字迷住了。在签订合同之前，我们开始去看那些位于更时尚地区的令人神往的房产，却发现它们的空间和便利性都不及我们现在的家。我们到时候将不得不放弃我们喜欢的杂乱无章、舒适又有点简陋的家。当我们继续寻找，想要把这些诱人的战利品花掉时，经济崩溃了，交易泡汤了。40 年后，我仍然住在那套老房子里，我们的女儿和她的家人也住在那里。现在每每想到假如我们在经济崩溃前签了合同会发生什么，我们就不寒而栗。大数额一时蒙蔽了我们的双眼，如同它常做的那样。

在天气允许的情况下，我和妻子曾经每天下午都打网球。我总是想赢，一直盯着比分，我妻子倒不在乎谁赢了或比分是多少，她只是喜欢运动。我坚持认为不计分就没有意义，她认为我没有抓住本质。我需要数字、钱数和网球得分，以此了解我的财务状况和运动情况。然而，幸好有我妻子，后来我不再看重这些数字。

也许生活应该像打高尔夫，你可以为了乐趣而玩，也可以为了获胜而玩，或两者兼而有之。高尔夫比赛中的差点系统（handicap system）意味着一个高水平球员在与较弱球员比赛时，必须让杆，以使比赛更公平。但是，差点系统也会让好球员以自己的让分点感到自豪，尽管这会在比赛中对他不利。我一直认为，竞技运动中的差点计算方法应该被复制到生活的其他领域，因为差点值会鼓励你在不破坏比赛乐趣的情况下不断提高自己的水平。我现在试着像高尔夫球手一样思考，在我生活的各方面保持得分。我也对自己有一些基本要求，主要是财务方面的，尽可能保持在低差点。然而，这些数字都不应有损于游戏本身。我妻子说得对：重要的是玩，而不是输赢。

对我来说，成功与很多事情无关。我很高兴我有一个漂亮的家，而且可以负担得起精美的饮食，但这并不足以证明我的人生价值。那么，在我的生活中我为什么感到骄傲呢？这是前几天一位记者向我提出的问题。“嗯，”我说，“我为我写的书感到很自豪，因为有人发现这些书对他们有所帮助，但是书最终会在落满灰尘后被弃之一隅。因此，我认为我最自豪的是我的家庭和我的孙辈，因为他们将传承下去。我希望他们继续做了不起的事，成为了不起的人。”换句话说，我一生中可能获得的任何成功都取决于他人的生活——我的家人或那些我素未谋面，但从我的书中受益的人。我收到过的最好的一封信上没有地址，也没有签名，只是在一张空白的纸上写着“感谢你”。这种感觉很棒。

21 LETTERS ON LIFE AND
ITS CHALLENGES

第 19 封信

人生的最后四分之一

尽管现在看来觉得不可思议，但你们极有可能活到100岁。正当年的你们或许对这封信毫无兴趣，但它提出了若干年后你们不得不开始考虑的问题。你们人生的最后四分之一是75～100岁的25年，虽然距离75岁似乎太过遥远，但我猜当你们到75岁的时候，75岁就是那个时候正常的“退休”年龄了。我给“退休”加了引号是因为我并不认为你们会想在人生的最后四分之一退休。事实上，我怀疑“退休”这个词本身到那时也就退休了。因此，这封信是我对你们人生最后那些年的生活会是什么样子的思考。

“我被退休了，这些畜生。”这是一位66岁的女士在控诉为什么在她准备好之前就被迫离开自己喜欢的工作。奇怪的是，“退休”这件事对她来说不知怎么变成了一件别人强迫她做的事情，不管她接受与否。尽管现在强迫任何人做违背他们意愿的事都是违法的，但这种事还是时有发生。然而，对另一些人来说，当他们得知政府可能要提高领取养老金的年龄时，或许会认为她能及早离开工作是非常幸运的，他们迫不及待地想要停止工作，享受生活中不再有强制性劳动的纯粹的幸福时光。然而，还有些人更现实地认为，靠养老金安度晚年的想法已然成为一个日益渺茫的奢望，那只是少数公司高层或者在公共部门工作一辈子的公务员才享有的特权。

据说，主要问题来自人类的寿命越来越长了。这句话听起来很奇怪，我们被赠予的额外十多年生命为什么会被视为一个问题。当然，如果没有充分预见或做好准备的话，机会的确会变成一个难题。正如寿命变长这件事，它悄无声息地来到我们身边，同时还没有对当权者个人的生活和事业造成影响。决策者在处理气候变化、养老金和退休问题时都很容易受“不在我任期”综合征的影响，认为它们是留给继任者处理的事情。虽然任何与这类问题相关的决策本来都应该及早准备，因为它们都要等 40 ~ 50 年才能看到成效。

事实上，养老金危机或退休难题到目前为止都还没有爆发，因为 70% 的年龄在 50 ~ 64 岁的人仍然在工作。虽然这样看似乎有很多这个年龄段的人没有在工作，但要记住，即使处于 35 ~ 49 岁人生巅峰时期的人中，也只有 82% 正式就业，其余的人通常也在工作，但是他们在家工作，没有被计算在内。目前这 70% 的就业人口中，绝大多数人还将建立第二份养老金，将拥有自己的住房，并且很可能已经继承或有望从父母那里继承房屋——因为他们的父母是第一代绝大多数人都拥有住房的主要群体。总会有一些人为生计奔波，但绝大多数在这 10 年间退休的人都不会贫穷。在经过了学习和工作的前两个阶段之后，他们有望以良好的状态迈入“生活”的第三个阶段。对他们来说，未来 10 ~ 20 年将是真正充满机遇的十年，而你们这一代所处的社会环境则大相径庭，除非你们早已未雨绸缪。

这是留给他们的，最终也是留给你们的一个问题：我们该怎么办？他们的后代，也就是你们这一代将不得不面对的首要问题是：我们将靠什么生活？对他们来说，尽管他们的国家养老金稍高些，但仍需要为自己退休后的大部分收入负责。若非强制规定，雇主不会为雇员做养老规划，而且政府也不会逼大家储蓄。有些人会做长远打算，但大多数人不会，因为当下的经济压力会使人们无暇应对未来的问题。他们可能不得不一直工作到 70 多岁，甚至 80 多岁。

这并不一定是坏事。尽管“工作与生活的平衡”这句话已经变成陈词滥调，但工作并不是生活的对立面，而是生活的核心，前提是工作恰好为自己所爱，并且适合于自己的生活节奏。更准确地说，许多人想要的不是更多的生活和更少的工作，而是更好地平衡不同类型的工作：为金钱而做的工作、为爱或责任而做的工作、为家庭或社区而做的工作、为乐趣而做的工作以及为提高技能或增长知识而做的工作。在理想情况下，我们需要的是一个混合了所有这些类型工作的组合。年龄带来的唯一不同是组合的改变：更多为了兴趣而选择的工作，和更少为了挣钱而选择的工作。

对大多数人来说，工作组合的平衡会随着他们生活的变化而改变，有偿工作会随着年岁增长而减少，但不一定消失。一位 70 多岁的农场主在被问到自己的生活状态时回答说：“一切照旧，只是节奏稍微慢些。”很多人希望自己也能这么说，做自己熟悉的事情，但每周只做两天而不是五天，这样不仅能增加收入，还能有时间从事其他的兴趣爱好。如果这是他们的愿望，那么工作的世界正朝此方向改变。

组织正在不断地重新整合，越来越多的工作被分拆出去，许多人被迫离开后又作为兼职者或独立从业者被重新雇用。这往往会使组织的管理变得更加困难，却增加了灵活性，而且实际上这也是为了规避某些法规强加给组织的义务。具有讽刺意味的是，一些旨在保护员工利益的措施，例如增加解雇员工的难度，最终却导致雇主从一开始就不雇用员工。现在的劳动大军中，有四分之一的人是兼职工作的，还有四分之一是自我雇用的，或在只有 1 ~ 4 个人的小公司里工作，他们中的大多数人是自愿选择这样工作的，但也有一些人是不得已而为之，尤其是随着年龄渐长。

在人生的最后四分之一，几乎所有人都会发现自己要在没有组织的帮助下对自己的生活负责。到那时，我们将需要用我们在一个组织内部剩余的安全感来换取外部的自由。正如许多人意识到的，这并不是一个糟糕的交易，只要我们拥有一项技能并知道如何营销、定价和维护它。但这就是问题所在。由于我们的组织不鼓励员工的自主性，一旦离开组织，我们就丧失了自立的能力。我们需要的是独立专业人士一直拥有的：代理人——为我们寻找客户的人，这是行业工会应该扮演但并没有扮演的角色，这是职业介绍所自称正在做的事情，但它们还可以做得更好，这也是志愿机构可以有效地发挥作用的舞台。这个世界上有太多人因为怀才不遇而感到苦恼。

有时甚至他们本人都没有发现自己的能力。一个40多岁的广告主管被解雇了，他找再就业顾问做咨询。

“你能做什么？”他被问道。

“做广告。”他答道。

“还有没有其他能做的？你的广告事业可能已经无法再继续了。”

“我想象不出我还能做其他什么事或行业了。”

“建议你去找十几个了解你的人，”就业顾问说，“请每个人列出一项你擅长的事情，然后你带着他们的反馈来找我。”

他回来后承认，他对大家从他身上看到的品质感到吃惊，“但奇怪的是，”他说，“没有人提到广告。”

我们的过去会让我们对自己的未来视而不见。

在瞬息万变的新世界里，潜力比以往的经验更重要，超强的学习能力比资质更重要。人生的最后四分之一和前四分之三都是如此，陶醉于过往的成就是不行的。政府的首要职责是如实告知我们前方的境况，而不是做出零风险未来的虚假承诺。我和你们的共同责任，是为你们人生的最后四分之一做准备。在对金钱和健康做适当的深谋远虑的筹划后，你们就可以自由地充实自己，过上梦寐以求的生活，就像拉尔夫·沃尔多·爱默生的成功秘诀和我的第三封信中所描述的美好生活一样。只要条件允许，在生命的尽头你仍然能活成你想要的样子，这才是长寿对我们的恩赐。我从没想到我的晚年会是我最愉快的时光，但事实证明确实如此。

然而，拥有一个美好的人生最后四分之一的先决条件是身体健康，因此照顾好自己才能安享晚年。当然，生活中会发生我们无法预见的事情：疾病、意外事故、未知的基因问题、视力下降、失智。老年并不总是美好的，健康的晚年生活需要从中年开始着手准备。这虽然是显而易见的道理，但中年时的忙碌生活节奏也很容易让我们把它轻易忘之脑后。一个令人悲伤的事实是，许多人仍将陷入重病、贫穷、无力谋生的困境而无法安享晚年。这是英国国家医疗服务体系（NHS）面临的日益严峻的挑战，你所能做的最大贡献是尽你所能确保自己不需要它的帮助。

第 20 封信

你是独一无二的

神经病学家奥利弗·萨克斯曾说过：“从来没有人跟别人一样。”你是独一无二的。

没错，但你是谁？你知道吗？你是怎么知道的？

我把这些问题留到本书末尾，因为在某种程度上，它们是最具探索性也最难回答的问题。我的回答是“白色石头”，但是正如你们在这封信的最后发现的那样，它只是可能答案中的一种。

几年前的一天，我在一个乡村小画廊里帮我妻子准备她的摄影作品展。一切似乎都进展顺利，不再需要我了。她带着人们参观，而我在后面闲坐。

一个男子向我走来，说：“这些照片真漂亮，不是吗？”“是的。”我表示赞同。

然后他问道：“查尔斯·汉迪是否也和他的妻子一起来这里了？”“是的，他在，”我答道，我竭力做出谦逊和不装腔作势的样子，“我就是他。”他皱着眉头上下打量了我好一会儿，显然很困惑，然后说：“你确定吗？”

我告诉他，这是一个好问题，也是我最近经常问自己的问题。你会发现，在我的一生中有好几个版本的查尔斯·汉迪。最初我是石油公司在东南亚的主管，他从那时起就认识我吗？如果是的话，他会发现我大不一样了，而且我希望是变得更有趣了。或者他在电台收听了我的《今日思考》节目？我定期做这个早间广播节目有20年了，他看不到我的模样，但可能根据我的声音或那个节目的宗教性质，在脑海中想象出我的样子，然而我现在看起来过于圆滑世俗，不再是他想象中的牧师了。抑或他是我 40 年前的一个学生，时间摧毁了我在他记忆中的容貌?

无论是对他还是对我而言，他如何或在哪里认识记忆中的我其实无关紧要，重点在于我已随着时间的推移而改变，就像其他所有人一样。生活改变了我们，然后，我们也希望能将我们的生活改变得适合我们自己。更复杂的是，我们能在不同的角色中以不同面目示人。你在工作的时候和在家时是同一个人吗?我们怎么知道哪一个才是真正的你?

我妻子是一名肖像摄影师，她喜欢为她的拍摄对象拍他们在生活中三个最重要角色的照片。她认为我们每个人至少有三个不同的自我。她请被拍摄的模特身着不同服装扮演这些角色，在同一个空间里分别进行拍照，然后把照片合成在一起，看起来就像是这三个自我正在彼此交谈。

她自己的三个自我分别是摄影师、家庭主妇、商务经纪人（对我而言）。她在每个角色中的自我各有不同。作为摄影师，她热情、专注、心无旁骛；作为家庭主妇，她温暖、诙谐、风趣，是深受爱戴的老奶奶，也是出色的厨师和女主人；最后，作为我的业务经理，她严厉而苛刻，只想给我争取最好的条件，她因而被称为“猛龙”。那么，她到底是谁?显然她是这三个角色的组合，每个角色的权重取决于她所处的人生阶段。她本想把所有时间都花在自己的摄影师角色上，但家庭以及后来的商业事务需要她把时间花在其他两个角色上。

你最终也会有工作、爱好和家庭生活这三个自我，以及三个不同版本的你，他们都是你。重要的是你要认识到，在人生的每个阶段，总有一些事情比其他事情更重要。你可以也应该在年轻时做些尝试，但是随着责任的增加，你需要更多地关注你的职业生涯或你所从事的工作。人们常会产生错觉，认为生活可以以热情或爱好为中心，没有什么比将自己喜欢的事情作为获取报酬的工作更完美的了。然而，我要提醒你，如果你把你的爱好变成生意，它就可能变成一件苦差事而不再是乐趣了。倘若我妻子一开始就想以摄影来赚钱，她最终可能会拍婚纱照或没完没了地研究给婴儿拍照的技巧，这根本不是她想要的。

在一次聚会上我遇见了一个年轻女子，她告诉我，她为电视台写剧本。我说这太厉害了。“才没有，”她说，“其实我的剧本永远也不会被拍出来。”“那你怎么谋生呢?”我无意间提了一个失礼的问题。“星期天我去给鸡蛋打包。没有一个头脑正常的人会喜欢做这件事，但报酬还算不错，让我在一周中的其他几天都不用工作。”

“周日装鸡蛋”后来成了我们家的一个特定习语。如果我们中一个人的工作只是为了钱，这份工作就被我们称为“周日装鸡蛋”，是为支付账单然后留出时间自由自在地做自己真正喜欢的事而做的事。很少有人能通过做一件事同时拥有激情、金钱和与家人在一起的时间，即使可以，金钱目的通常也会逐渐将其他两个挤出去。但你可以通过扮演不同角色分别达成三个目的，成为你个人的三位一体。

然而，在这三个自我中是否有一个恒定不变的核心，即真正的你？我们都愿意认为这样的真正的自我是存在的。当我们改变角色或在不同的自我之间转换时，应该会存在一个不会改变的优先顺序，但是这样的顺序，或者说核心自我是很难确定的。

我妻子，一如既往地富有创造力，用她的摄影技巧帮助人们找出哪些事是他们生活中的重心，哪些是偶然发生的。我在另一封信中讲过，她请人们选择五件物品和一朵花代表他们的生活，然后让他们把这些东西摆放在一张桌子上拍成照片。

她把拍出来的照片称作现代静物画，命名的灵感来自老式的荷兰虚空派静物画——一种通过物品摆放展示宗教教义和思考的艺术形式，常用物品包括头骨、枯叶或其他物体，暗示着世界上的财富和脆弱都是虚无的，死亡最终会降临到我们每个人身上。我妻子的肖像画并没有那么阴暗的视角，而是鼓励人们找出生活中对他们至关重要的东西，在这个过程中他们会认真思考将什么置于图片的中心。你可以试试。

我自己的静物画里有我写的关于美食、美酒和意大利的书，这些都是我的心头好；还有一个相机镜头，代表我妻子和她在我生活中至关重要的地位；但摆在最中心的物品是一个小小的黄色桉树雕塑，看起来像两颗泪珠。这座雕塑是我的孩子送给我的70岁生日礼物，他们告诉我，那不是眼泪而是金色的种子，因为我启发他们找到了自己的金色种子。因此，这座雕塑不仅代表了我的孩子和家庭，也代表了我对金色种子原理的最深信念，即每个人（是的，每个人）都是独特的，并拥有某个独特的潜力种子。这是我对人类的希望，也是我人生哲学的核心。将所有这些象征性的物品放在一起，你就能全面了解我的生活。

然而，这些想法是后来才形成的，我花了很长时间才发现我到底是谁。我从另一端开始，划掉那些不能代表我的东西。我感到很惭愧，在我职业生涯的头十年里，我一直在竭尽全力成为一个不是我的人，比如业务经理。我并不讨厌这份工作，但我很快就发现我不擅长于此，对此也不是特别感兴趣。然而，生活中的任何经验都不会白白浪费，当我后来开始为储备高管授课时，这些经验让我受益匪浅。当你踏上你的人生旅程时，我强烈建议你尝试任何看起来有趣的事情，你很快就会发现它是否适合你，即使事实证明它是一个死胡同或注定会失败也不必担心。你从错误中学到的东西远比从成功中学到的东西多，这是我早年在工作中发现的重要道理。

从错误中学习对我而言意味着要弄清楚我生命中什么是

最重要的，并把它与我需要的东西区分开来，两者并不相同。如果你专注于你需要做，或者说不得不做的事，就可能错过你应该做的事。我仍然记得20年前，一位意大利记者接受BBC的采访时的情景。由于当时意大利议会再次崩溃，因此BBC记者说："目前你的国家局势很严峻，是这样吗？""是的，"意大利记者答道，"是很严峻，但这并不重要。"我喜爱意大利的一个原因是，意大利人本能地知道什么是严重的，什么是重要的。这让意大利的治理变得棘手，但生活在其中是一种乐趣。

我很快就发现，人生是一个探索之旅，特别是对自我的探索。

如果你一直走安全且熟悉的老路就会一无所获，你必须去探寻才能有所发现。旅行通常有目的地，但探险家对他们将会发现什么或在哪里结束只有一个模糊的概念。生活就是这样。我曾经在家的周围种了两排栗树，以使我们免受交通噪音的影响。我们的一位朋友来访时说这看起来就像一条林荫大道，"一条不知通向何处的林荫大道，"他补充道，"就像生活一样。"我认为他是在半认真地反思自己的生活，但对许多人来说的确如此。我们中有谁真正知道，在人生旅途中我们要去向何处，还是只有到了尽头才知道。或许这就是"死亡赋予生命意义"这句话的含义。

思考目的地的一种方式是，想象当你在高龄时死去，你最好的朋友可能会在你的葬礼上发表的简短悼词。因为是悼词，所以没有人会说逝者的坏话，而他作为好朋友，发表的悼词将是积极正面的，兴许还夹杂着一个古怪而深情的玩笑。我听过许多悼词，它们的确提及了逝者的过往成就，但那些辉煌时刻在很久以前就结束了。因此，大多数悼词都是关于逝者是什么样的人，他们将如何被人们记住，他们留下了什么。在你刚刚步入人生旅途时，这个练习似乎有点匪夷所思，但它确实带给了我们另一种思考人生之旅的方式。

我在书桌上放了一块白色的石头。我把它摆在那儿是因为《圣经·启示录》中一段神秘的文字："圣灵说，得胜的，我要赐他一块白石，石上写着新名，除了那领受的以外，没人能认识。"

我不能肯定这段文字的正确含义是什么，但我将其解读为，如果我在生活中成功，我将获得一个专门为我创造的新名字。换句话说，我将最终成为专属于我的我自己，而不只是他人的姓名和基因的继承者。这意味着，只有我在某些方面留下了自己独特的印记，充分发挥了我的全部潜力，让我的生命变得有意义，我才配得上我的"白色石头"。只有你知道你是否已经赢得"白色石头"，这是你个人的私事，无法用荣誉或公众赞誉来定义或标记它，但当你得到它时，你就会知道。我希望你能得到。

21 LETTERS ON LIFE AND
ITS CHALLENGES

第 21 封信

写在最后

像诗人济慈一样，长久以来我“几乎爱上了静谧的死亡……在午夜里溘然魂离人间”。但我也会祈祷上天能在死亡到来以前，在我身体虚弱但头脑仍然清醒的时候给我几天时间，这样我就能和我的好朋友待上几个小时，最后，与你们每个人，我深爱的孙子、孙女一个一个地单独在一起。我会珍惜这个和你们道别的机会。

你们是上天给予我的恩典。在我的祖父母辈中，我只见过我的祖母，她在我能和她说话之前就去世了。我陶醉于看着你们长大，看着你们如何认识这个世界。你们是我的传人，是我留给世界最后的礼物。我为你们感到骄傲，为你们在年轻的生命中迄今为止取得的成就以及可能取得的成就感到骄傲。我珍爱你们在祖母的葬礼上讲话时的那种自信，从中可以看到我们家族的一些能力已经传承了下来。但更重要的是，我感觉到你们已经知晓善良与体贴能赢得朋友和尊重。我知道你们会让我感到骄傲，我唯一的遗憾是，看不到你们长大成人、风华正茂的样子了。

我们的见面不会是一个悲伤的时刻。我的人生漫长而精彩，但所有事情，即使是美好的，也都会结束。我现在很累，自从你们的祖母去世以来，我的生活就像失去一条腿，我尝试独自行走，但一直备受煎熬。死亡在我看来是一次漫长而永不再醒的睡眠，我很想在睡梦中再见到你们的祖母，但我知道这只是一个难以实现的梦想。实际上，我每天都在脑海里和她说话，她也跟我说话。死亡只是一个故事的结局，众所周知，故事没有结局是行不通的。

当我们见面时，我想问问你们对自己故事的希望，对未来十年有什么打算，做什么，住在哪里，可能和谁在一起。我希望你们这一代人将会帮助我们这一代人以及我们的下一代清理掉一些我们造成的烂摊子。我相信，你们的价值观将比我们的更好，你们将不再那么自私，不再对那些不如你们幸运的人漠不关心，会更爱护并保护环境，会以比我们更友善、更宽容的方式对待那些与我们生活方式不同的人。

我们常以我们生活在另一个不同的时代为自己辩解。我们在上一场世界大战结束后不久就成年了。我们确信，20 年内我们将再次处于战争状态，只不过是面对新的敌人以及新型的、更糟糕的武器。在我年轻的时候，我的两个同学已经战死在 20 世纪 50 年代的朝鲜战争中，并且每名男性都要在军队里服役两年，战争精神无处不在，我觉得在 30 岁的时候我就一定会死去。回过头来看，难怪我们自私、目光短浅、急功近利。20 年后的 60 年代末，生活重新开始，希望在各地萌生，各国竞相登上月球，但不是为了战争。但那时我已经是一个有两个孩子和妻子要养活的已婚男人了。

相比之下，你们是幸运的。你们可以合理地期望活到 90 多岁。除非你们愿意，否则你们几乎不可能参加任何战争。如果你们能照顾好自己，就有望一直保持健康。你们将接受比我更广泛的教育，会有更丰富多彩的家庭生活。这并不是要批评我自己的父母，他们在战争时期的贫穷国家把我抚养长大，那里几乎没有什么设施，也无法接触互联网和电视这样的现代奇迹。但你们可以去自己想去的地方，做自己选择的事，和喜欢的人生活在一起，甚至可以决定自己想被视为什么性别。这是一个比我所知道的自由得多的世界，尽管仍存有一些偏见的痕迹。

当然，自由的另一面是没有安全感。在我那个时代，英国是半组织化的，传统行业和大型组织为大多数人提供工作与培训。你必须自己申请工作岗位，但工作机会并不稀缺。

儿子们循着他们父亲的生活轨迹，去矿山或钢铁厂工作。企业提供终身职业，部队和政府部门都是热心的雇主。我和我的同龄人一样，无论教育水平如何，都有太多选择。

这是带有安全承诺的自由。

那种承诺已不复存在。总有工作要做，总有工作有待寻找，但更多的工作需要你自己安排，这就是自由的新代价。我希望这些信中的一些理念和想法能对你们有所帮助。相信自己，不要害怕犯错，即使付出代价也要诚实，记住这句谚语：幸福（在亚里士多德的幸福观中）就是有事做，有希望，有人爱。

下面我提供一些实用技巧，或更准确地说，是我曾希望自己能做到但没做到的事，因此请替我做到这些。

熟练掌握一门外语。你唯有在有关国家生活和工作才能做到这一点。尽管汉语和西班牙语最有用，但学哪种语言并不要紧。有人告诉我，爱上一个当地人会对你的外语学习大有帮助——只要他不把你当作他们的英语教师就行。我从来没有把任何一门外语学到足以长时间交谈的程度，对此我一直感到遗憾。的确，很多人都能说英语，但如果你无法用对方的语言交流，你就无法深入了解一个人。

年轻时学习一种乐器。音乐和数学是两种国际语言，任何人在任何地方都能理解它们而无须翻译，而且它们是相互关联的。我还清楚地记得，当 6 岁的儿子让我帮他读钢琴乐谱时，我承认我不会读。“什么？”他惊讶地问道，“你真的不会读吗，爸爸？”对他来说，每个会阅读的人都应该同时会读字母和音符。对音乐的理解让他得以进入另一个世界，一个我能欣赏却无法充分理解的世界。

年轻时学习一项个人运动。团队运动很棒，但当你离开学校或大学时，除非你是职业运动员或是天赋异禀的业余爱好者，否则运动团体就会随着时间推移而淡出你的生活。然而，个人运动，如网球、高尔夫、羽毛球，甚至槌球，都是相伴终生的将运动和交友结合起来的运动。我学网球太晚，养成了坏习惯，所以打得不好。我现在后悔了。

写日记。公元 2 世纪的伟大的古罗马皇帝马可·奥勒留写了一本日记，其中记录的不是他的日常活动，而是他对纷乱世界的感受和哲学思考，以及他如何迎接未来的挑战，他称之为《沉思录》。我强烈建议你找时间读读，更重要的是以他为榜样。很久以前我就发现，我必须通过写作来梳理我的想法。每周回顾你所做的以及本可以做得更好的事，或者记录你对这一切的反思。这将会极大地提高你为工作和生活设定正确优先顺序的能力。对皇帝有用的方法或许对你也有用。

坠入爱河。你会发现，关心别人胜过关心自己是一种美妙的经历。当你为别人奉献自己时，你会获得一种比任何普通的快乐都要深刻的满足感。你可以体验几次这样的感觉。你不一定需要和自己爱上的第一个或者第二个人结婚，或者选择不结婚也是可以的，但正如我所写的，我发现婚姻的“纽带”非常牢固。我谈的不是性，欲望不是爱，不管它有时多么诱人。请不要把这两者混为一谈，永远不要为了欲望而结婚。

记住亚里士多德关于美德尤其是勇敢的观点，无论如何都要坚持你的信仰。但也要记住他关于秉持中庸之道的教诲，过于勇敢即是傲慢。

如今，雇主更看重性格而非技术能力，他们认为后者可以教，但性格是与生俱来的。亚里士多德的美德清单是我所知道的最好的关于美好品性的定义。

再见了，你们和所有可能读到这些信的人。

愿你们的生活充实、有价值并充满欢愉。最后，愿你们对未竟之事无怨无悔。

致谢

写书是一回事，出版则是另一回事。我的经纪人托比·芒迪是第一个劝我将想法变成现实的人，我在企鹅兰登书屋的编辑奈杰尔·威尔考克森以其富有创意的眼光、精心勤勉的管理和对细节的极致关注，使本书得以出版。我非常感谢他们，并感谢所有在幕后帮助我的出版商团队。

我妻子伊丽莎白在本书完稿前去世了，她曾对我写这本书给予莫大鼓励。她的理念和价值观渗透在这些信件中。她对我的生活和思想的影响是深远的，对此我将在心中永远深怀感恩。

会计极速入职晋级

书号	定价	书名	作者	特点
66560	49	一看就懂的会计入门书	钟小灵	非常简单的会计入门书；丰富的实际应用举例，贴心提示注意事项，大量图解，通俗易懂，一看就会
44258	49	世界上最简单的会计书	（美）穆利斯 等	被读者誉为最真材实料的易懂又有用的会计入门书
71111	59	会计地图：一图掌控企业资金动态	（日）近藤哲朗 等	风靡日本的会计入门书，全面讲解企业的钱是怎么来的，是怎么花掉的，要想实现企业利润最大化，该如何利用会计常识开源和节流
59148	49	管理会计实践	郭永清	总结调查了近 1000 家企业问卷，教你构建全面管理会计图景，在实务中融会贯通地去应用和实践
70444	69	手把手教你编制高质量现金流量表：从入门到精通（第 2 版）	徐峥	模拟实务工作真实场景，说透现金流量表的编制原理与操作的基本思路
69271	59	真账实操学成本核算（第 2 版）	鲁爱民 等	作者是财务总监和会计专家；基本核算要点，手把手讲解；重点账务处理，举例综合演示
57492	49	房地产税收面对面（第 3 版）	朱光磊 等	作者是房地产从业者，结合自身工作经验和培训学员常遇问题写成，丰富案例
69322	59	中小企业税务与会计实务（第 2 版）	张海涛	厘清常见经济事项的会计和税务处理，对日常工作中容易遇到重点和难点财税事项，结合案例详细阐释
62827	49	降低税负：企业涉税风险防范与节税技巧实战	马昌尧	深度分析隐藏在企业中的涉税风险，详细介绍金三环境下如何合理节税。5 大经营环节，97 个常见经济事项，107 个实操案例，带你活学活用税收法规和政策
42845	30	财务是个真实的谎言（珍藏版）	钟文庆	被读者誉为最生动易懂的财务书；作者是沃尔沃原财务总监
64673	79	全面预算管理：案例与实务指引（第 2 版）	龚巧莉	权威预算专家，精心总结多年工作经验 / 基本理论、实用案例、执行要点，一册讲清 / 大量现成的制度、图形、表单等工具，即改即用
61153	65	轻松合并财务报表：原理、过程与 Excel 实战	宋明月	87 张大型实战图表，手把手教你用 EXCEL 做好合并报表工作；书中表格和合并报表的编制方法可直接用于工作实务！
70990	89	合并财务报表落地实操	藺龙文	深入讲解合并原理、逻辑和实操要点；14 个全景式实操案例
69178	169	财务报告与分析：一种国际化视角	丁远	从财务信息使用者角度解读财务与会计，强调创业者和创新的重要作用
69738	79	我在摩根的收益预测法：用 Excel 高效建模和预测业务利润	（日）熊野整	来自投资银行摩根士丹利的工作经验；详细的建模、预测及分析步骤；大量的经营模拟案例
64686	69	500 强企业成本核算实务	范晓东	详细的成本核算逻辑和方法，全景展示先进 500 强企业的成本核算做法
60448	45	左手外贸右手英语	朱子斌	22 年外贸老手，实录外贸成交秘诀，提示你陷阱和套路，告诉你方法和策略，大量范本和实例
70696	69	第一次做生意	丹牛	中小创业者的实战心经；赚到钱、活下去、管好人、走对路；实现从 0 到亿元营收跨越
70625	69	聪明人的个人成长	（美）史蒂夫·帕弗利纳	全球上亿用户一致践行的成长七原则，护航人生中每一个重要转变